耕 耘 记

——流水年华

严文明　著

文物出版社

图书在版编目（CIP）数据

耕耘记：流水年华／严文明著．—北京：文物出版社，2021.9

ISBN 978 – 7 – 5010 – 7229 – 3

Ⅰ．①耕…　Ⅱ．①严…　Ⅲ．①考古学 – 中国 – 文集　Ⅳ．①K870.4 – 53

中国版本图书馆 CIP 数据核字（2021）第 192957 号

耕耘记
——流水年华

著　　者：严文明

封面设计：李　红
责任编辑：杨新改　张晓雯
责任印制：苏　林

出版发行：文物出版社
社　　址：北京市东城区东直门内北小街 2 号楼
邮　　编：100007
网　　址：http：//www.wenwu.com
经　　销：新华书店
印　　刷：宝蕾元仁浩（天津）印刷有限公司
开　　本：710mm×1000mm　1/16
印　　张：14.25
版　　次：2021 年 9 月第 1 版
印　　次：2021 年 9 月第 1 次印刷
书　　号：ISBN 978 – 7 – 5010 – 7229 – 3
定　　价：98.00 元

在文明书房

我是一个农夫，一生耕耘不缀。

胡适只问耕耘，不问收获。

我则怕问收获，但记耕耘尔也。

目　录

贰　书序与题词

叁　流水年华

肆　学术论著

附录

壹 文稿拾余

考古学专业简介

一 培养目标

考古学是研究如何发现和发掘古代人类社会的实物遗存，以及如何依据这些实物遗存来研究人类社会历史的一门学科。本专业研究生应热爱祖国历史文化，尊重一切人类历史文化遗产。硕士生应掌握马克思主义关于历史学与考古学的基本理论，具有本专业的基础知识和基本技能，能够独立从事田野考古工作和研究工作，掌握一门外语。古文字方向和夏商周考古以后各方向要求有比较坚实的古汉语和古文献基础。能够胜任考古、文物、博物馆和古代历史研究等方面的工作，包括在高等院校担任相关学科的教师。博士生应该有比较高的马克思主义理论修养，能够正确认识和对待考古学的各种流派；具有比较深厚的考古学知识，能够胜任田野考古领队的工作和从事较高层次的考古学研究；一般应掌握两门外语，其中至少有一门达到四会的水平。就业范围与硕士生同。

二 业务范围

主要是中国考古学，包括各种历史文化遗存的调查、发掘、整理、研究与管理等方面的工作；其次是考古学各分支学科（如下面研究方向所列各个分支学科）和外国考古学的研究。

三　研究方向

旧石器时代考古，新石器时代考古，夏商周考古，秦汉—唐宋考古（或再分为秦汉—隋唐考古与宋辽金元考古两个方向），东北与东北亚考古，西北与中亚考古，西南与南亚考古，东南与东南亚考古，古人类学，民族考古学，古文字学，科技考古，陶瓷考古，宗教考古和古代建筑等。

四　学位课程

硕士学位课程：考古学理论与方法，考古学史（以及各专业方向研究史），各专业方向的考古研究，田野考古实习。此外各专业方向应该有 3～4 门相关学科的选修课，有条件的应该开设计算机课程。硕士学位论文。

博士学位课程：本专业方向和相关学科的基本文献（包括外文文献）的阅读与讨论，田野考古实习，教学实习。博士学位论文。

1992 年 5 月 10 日

（原载国务院学位委员会主编《授予博士、硕士学位和培养研究生的学科专业简介》）

什么是考古学[*]

对考古学的定义大概有十几种，但是大都差不多，不过要下一个很明确的定义却并不容易。我们国家的考古学泰斗——夏鼐先生曾写过一篇文章，叫《什么是考古学》，后来又组织编写了一大部《中国大百科全书·考古学》，在卷首有一个总论也说到了考古学的定义。他前后的两个表述就不太一样，一个说考古学是研究人类古代生活的情况，另一个则说是研究古代社会的历史，这也就是说夏先生本人也有一个认识的过程。不管有多大差别，有两项内容是离不开的：一是必须通过实物；二是要研究历史，人类古代的历史。这样的认识并不是大家都很明白的，其实就算是考古学家、考古学者的认识也不是完全统一、非常明确的。

我说一个故事，我当学生的时候，毕业那年（1957年）要进行实习，在河北省的邯郸。我因为有事儿在学校里耽误了几天，到工地附近的时候，我不知道这个工地具体在哪，就问一个老乡："您知道这儿有一个考古的在哪儿啊？"

他不知道："考古的？"

我就说："就是往地下挖的。"

"哦"，他说："就是挖宝的啊！"

我说："不是挖宝的，就是……"我就跟他怎么解释都解释不清楚。后来，他当了我们的民工，他还是怀疑。

我说："你说我们是挖宝，你看我们天天挖的是什么？很多都是陶片啊、石器啊，都是这些东西，你还不明白吗？"

---

* 本文是根据 2015 年 3 月 18 日在首都师范大学所做讲座整理的文字稿，略有删节。

"嗨，你们就是骗我们的，我们白天就挖这些玩意儿，晚上你们就再挖下面呗。"

所以那个时候，很多人不能理解我们挖那些东西有什么用，你跟他儿句话哪能解释得很清楚。

我教了几十年的书，也看了不少考古学的著作，看了很多著名的学者对于考古学是怎么表达的。后来我琢磨了一个定义：考古学是研究如何寻找和获取与古代人类社会相关的实物遗存，以及如何根据这些遗存来研究人类社会历史的一门学科。

我解释一下，这里面首先讲考古学。刚才有位同学跟我说，考古学是研究实物遗存。没错，但实物遗存在哪里呢？你不得寻找吗？它不是直接摆在那儿的，所以考古学也要研究如何去寻找。等寻找到了有实物遗存的地方，你还得探讨怎样获取它。在考古学上讲就是发掘，你得把实物挖出来。通过寻找和发掘取得了资料，这是一套学问。这个学问在考古学里面叫作"田野考古学"，并不是随便什么人都可以去干的。农民有时候也能刨出一些东西来，但那不是考古，即便他不是为了挖宝，他刨出东西捐献给国家，那也不是考古。考古学一定得有一定的方法。

考古学家主要在野外工作，野外天地那么大，究竟到哪里去找呢？不可能到处都有遗址，所以得有一套寻找遗址的办法，我们称作"考古调查"。调查到遗址，我们还得根据具体的学术目标考虑哪些遗址值得发掘。关于怎么发掘，还得有一套办法，叫作"田野考古学"。当然，学科本身是不断发展的。一开始最基本的是在地面上进行发掘，但是有的时候我们还会到海洋里调查，这叫"水下考古"，比如近年来的南海一号、南澳一号。此外还有航空考古，有些地方我们人不太容易去；或者说我们也能去，但是在地面上不容易看清楚，在天上反而可以看清楚。就像一个地毯，地毯上面有花儿，如果一只猫在地毯上玩，地毯上的花它看不清楚，但是一个人站在地毯上一看，这个花儿就看得清清楚楚，这叫作猫视和人视。航空考古就相当于人视，它站得高，一下就可以看到整个的情况，所以我们发展了航空考古。

还有卫星考古。也有一个故事，有一个美国资源卫星项目主持人的儿子，在非洲跟一些考古学家进行发掘。考古学家说，我们搞这些古老的东西，你爸爸可是搞最先进的，跑到天上、跑到太空去了，你能不能给我们之间架一个什么桥梁呢？他说，我在你们这里发掘不就是桥梁吗？考古学家说，那不行，你对你爸爸的那套根本不懂。然后他回去就跟他爸爸讲了，他爸爸说可以考虑。后来，他在卫星照片上看到，在希腊科林斯（科林斯地峡）曾经修过一条运河，我们在地面上找不到，可是在卫星图片上地峡就是一条线，那条运河就出来啦。根据不同的红外、远红外的波段，不同东西对于土壤的不同反应就显示出来啦。所以不要小看了田野考古学，新的科学技术都可以用到上面，它是一门科学。

根据定义，考古学既然是研究人类社会，那么它当然属于历史学科。有人问我恐龙怎么样，我说，我不懂恐龙。越过人的界限，就不是我们考古学研究的内容了。

考古学的发现和研究是一个过程，也许是一个漫长的过程。一个遗址，我们往往要挖很多年，比如大家熟知的，中国学者自己最早发掘的安阳殷墟。安阳殷墟是1928年中央研究院历史语言研究所里面一个考古组开始着手发掘的。一开始听说那里有甲骨，还有甲骨文。有甲骨文就可能跟殷代有点关系，便开始了实地发掘。1928年到现在已经87年了。很早就在那儿发现了宫殿，发现了王陵，商代晚期的，出了很多甲骨，甲骨文的档案都出来了，一个坑的甲骨文。但是作为整体的殷墟考古，一直到现在还年年都在发掘，年年都在勘查，完全清楚了吗？不，还早着呢。所以考古工作是一个漫长的过程，不会一下子就出来一个很明确的结论，它是一个逐步发现、不断研究深化的过程。在过程中，考古学所应用的手段会不断地提高，不断地科学化，所以它是一门生长的学科。刚才我讲的调查、航空考古、水下考古乃至卫星考古，都不是一开始就有的，卫星本身也没有多少年。总而言之，考古学是随着自然科学的发展而发展的一个学科。

考古学既是历史学又是一门独立的科学，它跟以文献为基础的历史学是不一样的。科学是什么意思？科学要实证，是可以验证的。比如说水分子，我们学过初等化学，一个水分子，是两个氢原子和一个氧原子构成的，你不信你就做实验，而实验结果都是这样。它是可以被验证的、可以重复的。考古呢，当然不像氢氧原子构成水分子那个实验法。它在时间上是可以验证的。我们经常讲考古地层学，就是说压在下面的东西要比上面的东西早，早的东西你总不能钻到底下去验证吧？我们考古学之所以讲地层，是因为地层是一层一层的，底下的早，上面的晚，这是不会改变的，不信你可以去验证。举例来说，我们发现一个存在黑陶的地层在一个出红陶的地层上面，根据这个现象就可以认为黑陶比红陶晚，你不相信可以再挖，肯定是红陶的地层在下面，黑陶的在上面，不会反的。所以说考古学是一门科学，它可以验证。

在澳大利亚出生的英国著名考古学家戈登·柴尔德说过一段话："考古学引起了历史学科的变革，它扩大了历史学的空间方位，犹如望远镜扩大了天文学的天空视野一样，它把历史的视野往后伸展了一百倍，就像显微镜为生物学揭露了隐藏在巨大躯体内的细胞组织结构一样，考古学就像放射性给化学带来了变革，改变了历史学的研究内容。"这段话我解释一下，他都是拿自然科学的东西来打比喻，这种比喻就说明了考古学的科学性，它跟科学分不开。

举例说明。柴尔德说考古学像望远镜一样，扩大了历史学的研究范围。我可以告诉大家，我们的历史学多是研究历史文献，但如果是研究早期文明，像最早的几个文明：古代埃及、古代两河流域、古代印度、古代中国，那就出问题了。前三个地区的面积加起来还不到全世界面积的 1%～2%，把中国加上也不到 3%～4%。但是，除了南极洲以外，那百分之九十几的地方也有人啊。这些地方也有历史，只是他们没有文字，不知道自己的历史是什么。拿我们中国来讲，中国有 56 个民族，但有几个民族有文字，有自己的历史记载？除了汉族以外，大概还有蒙古族、藏族、朝鲜族，别的民族几乎没有。如果只是用文献来研究历史的话，那大部分地区的人民、大部分民族，难道都没有历史吗？当然也有，他们的历史是口口相传的。可口口相传的历史能传几千年、几万年吗？不可能的。但是这些地方只要有人生活，就会有实物遗存，所以都有可能利用考古学去研究他们的历史，这样考古学就一下子拓展了历史学的研究空间。

然后他又说"它把历史的视野往后伸展了一百倍"。什么意思呢？现在大家都有一个常识，人类最早的历史——古埃及的历史，是公元前 3000 多年，也就是离现在 5000 多年。但是，人类的历史可不止 5000 多年。人类的历史究竟有多少年呢？这个说法不一。一种说法是说从猿到人，走入人类这条支系以后大概有200万~300万年。一种认为那不算人，那都叫作直立人、早期智人，应该从晚期智人算起，或者称为现代人，现代人也有好多万年。如果从两三百万年前算起的话，那人类的历史可就不止被提前一百倍了。所以考古学，只要有实物遗存留下来，就可以进行研究，它不受文字的限制。

第三，从考古学的研究内容来看，我们现在的历史包括这么几段，一是史前史（或者叫作原始社会史）；一是早期文明的历史，早期文明的历史就是之前我讲的古埃及、两河流域、古印度的历史，也包括古代中国早期的历史。但除了古代中国以外，那几个古代文明几乎都没有文献记载，都是靠考古发现的。具体来讲，考古除了发现实物以外，也发现了很多文字，像古代埃及的文字、两河流域的楔形文字、古希腊的文字。

西方有一部片子，叫作《寻找失落的文明》，就是说那些文明已经失落了，那些文字谁也不认识，是后来靠一些学者去探讨、研究，最后才好不容易把它释读出来。所以，中央电视台就有人找我说，严先生，您能不能主持一个我们中国版的寻找失落的文明。我说，我们中国没有失落的文明，我们中国的文明清楚得很。为什么呢？我们中国，比如说商代，这是中国的一个早期文明了，它有文字，这个文字就是甲骨文，没有失落啊！一个完全没有学过甲骨文的人，给你拿一片甲骨来，有的字你立刻就能认，因为过去字的规律跟现在是一样的，一横就是一，两横就是二，三横就是三。即使有些字变了样，但语法跟现在是一样的。所以，你看一片甲骨上的文字，它里面多半是占卜、问神、问祖先的句子，每片基本都差不多。即使你完全没有学过这个，你多念几遍可能也就会了，因为当时的语法跟现在是一样的。再说古埃及文明，现在古埃及地理范围内的埃及人是阿拉伯人，不是原来古埃及人的后裔。同样，两河流域、古印度也都是这样的。所以，只有中国的文明是没有中断的文明，中国文明不是一个失落的文明。我们需要寻找古代的文明、早期的文明，但不必找失落的文明。

既然考古学建立了史前史，建立了早期文明史，那么对于文献已经比较丰富的历史阶段，考古学还有什么作用吗？我认为照样有非常大的作用。

比如说，我以前在北京大学国学院指导过一些博士、硕士（国学院招收文、史、哲、考古四个方面的学生）。其中有一个原来读中文系的学生，他对汉赋很有研究，特别是对《二京赋》——就是长安跟洛阳非常感兴趣。《二京赋》讲得那么生动，两京到底是什么样的呢？文学作品记载的历史又有多少真实性呢？当你从考古学角度来看，汉长安城和汉魏洛阳故城的情况就很清楚了，我们甚至可以知道城里面的布局。像汉长安城里面的未央宫、唐长安城的外郭里坊，这些都是很清楚的。所以，后来那个学生把考古学资料和文学资料结合起来研究，写出了一篇很成功的博士论文，当时学校就很欣赏这种做法。所以不是说有了历史文献记载，考古学就没有用武之地了。

我们知道秦始皇这个人很残暴，好大喜功，修了长城。虽然长城在历史文献上有记载，但长城到底是什么样子的呢？我们现在完全可以去调查。哪是秦长城，哪是汉长城，哪是明长城，哪是新修的长城。文献记载秦始皇发70万刑徒（奴隶）修骊山秦陵，但秦始皇帝陵到底是什么样子的呢？通过考古学研究，我们基本弄清了它的整体格局。目前，我们仅仅挖了几个秦俑坑（就是给他陪葬的坑），其中一号坑还只挖了一部分，就已经让这里变成了非常吸引人的地方。原来谁能想象到这里的塑像有那么高的艺术水平？从历史文献上我们只能了解到秦始皇很残暴，发70万刑徒去修他的墓，但具体修成了什么样呢？虽然我们现在也不是全部了解，但通过考古工作，皇陵的规划、布局是清楚的，包括秦俑坑的情况。

我们中国是丝绸之国，中国的丝绸有历史。但中国古代的丝绸有着什么样的水平？是怎样织的？我们不知道，因为通过文献记录你是不可能知道的，也没法知道。马王堆汉墓发掘以后，那里面有大量的丝绸，各种各样的织法，其工艺水平可以说跟现代差不多。其中有一件蝉翼纱。一件纱，一件上衣，为什么叫蝉翼纱？因为那种纱衣像蝉的翅膀一样半透明。刚挖出来的时候，因为它是出土的东西，有点土色，当时摆在一个临时展柜里。可有一位姑娘她不知道那是文物，看到桌子上有不干净的地方，就把它拿来擦桌子，这可了不得。这件事把后面知道的人吓坏了，赶紧拿去清理，还好着呢，一点没坏，干了以后才知道这是一件上衣。有多重呢？49克，一两还不到。这是汉代的水平。我可以告诉大家，在湖北的江陵，有一个马山一号战国墓，比马王堆汉墓还要早。因为是一种特殊的保存条件，衣服都保留下来了，其中的丝绸跟马王堆差不多，织的水平也非常高。像这样的东西从文献上怎么去了解？没法了解。

还有中国的铁。在古代社会，铁是很重要的，那是战略物资。什么时候开始有铁的呢？不知道。但我们现在慢慢知道了，中国的人工冶铁，大概是从春秋时期或者西周晚期开始的，也就是距今两三千年。中国因为此前制作青铜器，有一套非常高的冶炼技术，可以直接拿来冶炼铁，所以在春战之际，大约也就是公元前500年，就知道把铁化成水，倒模子铸生铁了。冶炼铁是很难的，跟冶炼铜不一样，欧洲能够制造冶炼铁要迟至17世纪。所以，我们从文献上能知道春秋战国可能有铁了，但是什么铁呢？不知道。考古的好处就是：你不但能发现铁，还能知道这个铁是怎么制造的。我们还发现了很多冶炼铁的炉子，还有做铁器的模子，有陶的，泥的，还有铁的。从这些例子来看，考古学大大充实了历史学研究的内容。

再说陵墓制度。考古学家发掘过几座帝王陵墓，知道等级制度在墓葬里体现得非常清楚。比如，周代有所谓的用鼎制度，天子九鼎，诸侯七鼎，卿大夫就只能用五鼎，这个很清楚。如果我们没有发现这些墓葬，就不清楚。墓葬一挖，里面这个人是什么等级就清清楚楚。

考古学补充了很多历史学的内容，社会史、经济史、生产史、技术史，还包括艺术史等等。现在能够留下来的古画，最早不过唐宋时期。但是通过发掘，墓葬里面的壁画可以一直追溯到汉代，甚至春秋战国。

很多历史文献无法讲清楚的事情，可以通过考古学展现出来。因此，总体来讲，考古学是历史学的一次革命，是历史学发展的一个高级阶段。无论是年代、研究地域，还是研究内容，都大大丰富了。不是像有些学者讲的，历史学和考古学像一个马车的两个轮子，研究历史缺一不可，一定要有一个文献的历史，也一定要有一个实物的历史。你看我刚才讲那么多，就不像两个轮子，两个轮子不相称，考古这个轮子太大了，对吧？所以它们不是并行的，考古学是历史学发展的一个高级阶段，改变了历史学的面貌，是历史学本身的一个革命。

我讲了半天，好像考古学是个万能的学科，其实考古学也有很大的局限性。局限在哪里？首先，考古学的目标是研究人类社会的历史，而人类的社会，不管是比较低级的还是比较高级的，它都不是全部以实物遗存的形式留下的，不全都是表现在实物上的。比如说，我现在讲话，这个话本身并不是实物，但我讲的内容也是我们现在历史的一部分，考古学就一无所知。我打个不太恰当的比方，比如说，我们在座的各位，一旦有地震来了，大家都被埋了，以后考古可以发现地层下面有很多的座位，我这有这么一个座位，我肯定是讲课的，你们一定是听课的，或者是我在做报告，你们是听报告的。可能会有黑板，或者有一些辅助我讲课的东西，仅此而已。你还能有更深的了解吗？所以，考古学最大的局限就在于它只是实物，而它的目标却是研究社会。这是有差距的，并且这个差距不是很容易就能弥补上的。所以，很多考古学的理论、方法论都是想拉近这中间的差距。

其次，即便是实物遗存，也不一定都能留下来。比如我们研究旧石器时代，靠什么来研究人？得靠化石，就是说人的骨头都变成石头了。这得有条件，人如果死了，腐烂掉了，在地面上不可能变为化石，即使是被土掩埋了也不可能变为化石。它需要在一种特殊的条件下被掩埋，掩埋的环境得有地下水，里面包含钙质，钙质不断取代骨头里的有机质，使它慢慢石化，变成石灰石。如果没有这个条件，那化石就没法形成。所以，不是什么都能以实物形式表现出来，不是什么实物都能留下来。

另外，即使是能够留下来的遗存，我们也不一定都能发现。尽管我刚才讲了半天，说我们有套办法，但也不能把什么都发现；其实，绝大部分是发现不了的。那么，发现了以后，有多少能够发掘呢？也是很少很少的。我们发现的遗址数以万计，而我们发掘的遗址最多也就以百计，而且也不是每一个遗址都完整地发掘了，很多都只挖了一部分。刚才我讲的殷墟遗址，挖了87年也没有挖完，只能挖一部分。我还要强调，这发掘的一部分中，能够做到科学发掘，一点不失误的，只占更少的一部分。

这样得来的资料，要复原古代的社会、历史，谈何容易？所以不断有学者想建构一些方法，搞一些理论的思维，比如中程理论之类的。这在西方比较流行，有过程考古学、后过程考古学等等各种各样的理论。改革开放以后，这些东西一下进来了。当时很多年轻人问我，严先生，他们这些理论，一个人这么说，一个人那么说，到底哪个对啊？我说，你不要被那些理论吓倒。有好多人的考古实践很少，却说得天花乱坠，好像头头是道，是那么回事儿，其实不一定。什么样的方法能让你最正确地了解、寻找和发掘实物，就是好的方法。什么样的理论能使这些资料得到科学的解释，可以用它来解释人类的历史，就是好的理论。

　　考古学既有优越性，又有局限性。作为一个考古工作者，一定要做到头脑清醒，即使你不是学考古的，看到有些考古报告，或者考古论文，讲得天花乱坠，也不要轻信，再检验检验。

　　最后我再谈谈考古学的危机。我们现在每天都在高速地建设，你们知道，通过南水北调工程从丹江口水库把水调到北京来，挖掉了多少遗址，毁掉了多少遗址！我们的高铁比世界上任何国家都发展得快，一个高铁也要经过很多地方。还有更严重的，叫城市化。城市化是什么意思？是大量地毁灭，大量地建设。把历史文化都给毁灭了，甚至盖些不伦不类的东西。很多人怀旧，寻找旧北京，哪有啊？就一个天安门，就一个故宫。这是一个非常严重的问题。还有现在所说的遗址公园，现在大量地在搞遗址公园，但哪个公园没有建设，建设就要动土，动土就难免毁坏地下的东西。

　　最近我从微信上看到，冯骥才写了一个东西，写得还不错，他虽然不懂考古，但这些东西讲得挺好。他说现在的建设性破坏非常厉害，大家都觉得是在干好事，其实是在破坏。所以考古学有危机，非常大的危机。那么怎么办？就得普及考古学知识，让比较多的人了解考古学是怎么回事儿。把这些东西完全毁灭了等于把我们的根脉给断了，我们不知道我们从哪儿来，这是不可以的。

　　所以这些年，我发现了一个相当流行的词，叫作"公众考古"或"大众考古"。我看了一些材料，如果大家有兴趣的话，可以看南京大学办的《大众考古》杂志。这个杂志办得不错，图文并茂，懂考古的、不懂考古的都可以看。总之，我们要唤起民众，要珍视祖宗的历史，珍视自己的根脉。保护文化遗产，是一个非常重大的任务。我就讲到这儿，还有点时间，大家可以提提问题。

　　学生：严先生，您刚刚提到了公众考古，我想知道您怎么看待它在中国的发展。

　　严先生：我们过去，特别是学校里，有一些实习。我们发掘出来一些东西以后，常常在当地做一个展示，给当地老乡们讲一讲。首先是那些民工，我们平常就和他们天天在一起，给他们讲；还会办一些展览，让大家了解我们不是怪物，我们是在进行考古工作，这实际上就是公众考古。过去和现在不同，如今"公众考古"这个词一出来，大家觉得这个事儿很重要，有不少单位也很重视，开展公众考古活动。但目前做得好的并不多，我自己了解的就是《大众考古》杂志，一般的活动最多也就几百人参与，影响不会有多大，而这本杂志全国都可以看到。总之这件事情还是应该提倡，应该让更多的人有机会去了解考古学是怎么回事儿，因为每个人都有责任保护古代的遗产。当然，要每个人都很懂考古学是不可能的，我们也不能那么去要求。

学生：严先生您好，您能否介绍一下您是如何走上考古学这条道路的？还有，我们这些后辈应该如何来开展自己的考古研究呢？谢谢您！

严先生：我小时候迷恋自然科学，想当爱因斯坦。我考北大，北大不是以民主科学著称吗？一个"德先生"，一个"赛先生"，我就是冲这个赛先生来的。结果呢，没有考上物理系，因为我选的专业太窄了。我就喜欢理论物理，理论物理一年只招 10 个学生，后来我就跑到历史系。当时我们考古专业的主任苏秉琦先生找到我，他不知道从哪儿打听了一下，跟我说："听说你喜欢理科呀，你来学考古吧，虽然它是个文科，但考古是个边缘学科。"他说："第一呢，考古会用到很多理科的东西；第二呢，好像你也喜欢画个画之类的，考古经常要画图的，你过来吧！我们这正好缺一个班长，你来当班长。"我就是这么过来的。

过来当然也还是不知道考古是怎么回事。我看见刚才有几个同学拿着我那本《足迹：考古随感录》。《足迹：考古随感录》是我走的足迹，里面介绍了我是怎么走上考古之路的。第一篇就讲的是裴文中先生带我在内蒙古实习。裴文中，大家应该都知道吧，其实那个时候他才 50 多岁，我们都说他是个老专家，都"裴老""裴老"地叫。裴老这个人非常风趣，他能把一个很深奥的问题讲得让你挺开心，觉得是那么回事儿。我开始知道，考古学还是一个很有趣的，可以拓展人思路的学科。这是起了一个头。

我真正进入考古学是在邯郸实习的时候。在那里我认真地发掘了两个遗址，才知道什么叫作地层学，什么叫作类型学，这么一套方法整个顺下来以后，我可以把龙山文化分为早晚两期，我还把早商和西周的遗存也分了两期。这个西周遗址的两期，就是到现在照样没有错。这是我第一次实习，当时我还是个学生，为什么我能做到这个样子？是因为我按照考古学的这套基本方法认真地去做了。我作为一个学生都能做到这样子，自然就为我研究考古学奠定了一定的信心，然后就不断地深入，这以后的路子就长了。

我一毕业就留校当老师，而且不但当老师，还到了我们教研室当秘书。这样我就势必要考虑怎样教学的问题；势必要考虑作为一个秘书该怎么工作，整个学科该怎样布局的问题。当老师有时候有好处，它逼着你，不能只研究一个地方，要懂全国的，甚至还要懂一点世界的；要懂考古学的方法、理论，要指导学生，要告诉学生怎么学习和研究。所以当老师有当老师的好处，我是深深地体会到了。

学生：严先生您好，非常荣幸今天有机会听您精彩的报告。您很早就提出稻作农业起源于中国长江中下游地区，而且认为它分布于野生稻边缘地带。您能否给我们讲一下这个理论是如何提出的？谢谢！

严先生：关于稻作农业，我有一本书叫作《长江文明的曙光》，这本书里面有一篇比较长的文章叫作《稻作文明的故乡》。还有一篇我跟一位日本学者，号称"日本的郭沫若"的梅原猛先生的文章。梅原先生兴趣非常广泛，他写了两百多部书，原来是研究西洋哲学的，后来又对东方哲学产生了兴趣。他觉得西方哲学过分强调"个人"，强调"人定胜天"，改造自然；东方则强调人与自然的和谐，"天人合一"。现在看来，在解决一些社会问题上，好像东方哲学更有效。比如说原来以为东方哲学是落后的、保守的，后面"亚洲四小龙"一起来，中国发展得这么快，那显然不是落后的、保守的，所以他就转向研究东方哲学。那么东方哲学也应该有个基础，他说"西方哲学是建立在小麦、大麦的基础上，建立在旱作农业的基础上。东方应该建立在稻作农业的基础上"。因为东方这些国家基本上都是吃大米的，比如韩国、日本、东南亚、印度等，中国其实大部分也是吃大米的。他一听说我是研究农业起源的，就一定要跟我对谈，我们对谈了两次，然后在日本出版了这本《长江文明的曙光》。

我一直认为，水稻的起源地是长江，而不是华南。过去一些农学家认为水稻起源于印度，或者起源于东南亚，又或者起源于云南、缅甸到印度阿萨姆山地一带，没有人讲是从长江起源的。我从考古发现、历史上关于野生稻的记载以及现代野生稻的分布几个方面琢磨来琢磨去，认为应该是从长江流域起源的。为什么？我提出了一个边缘论。因为在华南、东南亚和印度野生稻多得很，到处都有野生稻。不但野生稻多，别的食物也很多，果子也很多（就是可以吃的根茎类），所以那里采集经济一直比较发达。我有时候跟广东人开玩笑，我说你们老是喜欢吃生猛海鲜，就是你们老是采集，对于北方的种植农业和在种植农业基础上产生的这些烹饪技术你们不懂。这一方面是开玩笑，一方面也确实有关系。

长江流域为什么是稻作农业的起源地呢？因为长江流域无论是历史记载，还是现代的发现，都有野生稻，但是不多，它是野生稻分布的边缘。那么边缘是什么意思呢？比如说江西的东乡现在还有野生稻，我专门在那调查过；湖南茶陵也还有野生稻，但是不多。长江流域的文化很发达，文化发达人口就多，人口多对食物的需求就多，而长江流域又有一个比较长的冬季，冬季的食物比较匮乏。食物匮乏，就必须得有一种可以称作食物的东西能够储存到冬季。什么东西能储存？稻谷能储存。开始不会很多，但当个补充总有点好处。所以，人们就开始驯化稻子，把野生稻慢慢驯化，逐渐演变成栽培稻。这个过程是在长江流域实现的，不是在华南，更不是在东南亚和印度实现的。

我的这个理论一出来，美国的几个考古学家很感兴趣。有个考古学家叫马尼士，在墨西哥做过40年玉米的考古，在西亚也做过小麦、大麦的考古，就没做过水稻，所以他就一定要找着我。后来我们合作在江西的仙人洞和吊桶环遗址做了两年考古。非常遗憾我们没有发现稻子，但是发现了很多稻子的植硅体，大体上也能说明那里比较早就开始有驯化的过程。正在这个时候，湖南道县玉蟾岩发现了两粒稻子，这个稻子又像野生稻又像栽培稻，我们也正需要这玩意儿。后来美国哈佛大学有个学者叫作巴尔·约瑟夫又找到我，跟我合作在道县玉蟾岩发掘了两个季度，非常遗憾，我们挖的那个地方倒是出了一些稻子，就是有点扰动，考古一有扰动，就不能作为实证了。但是我们做了很多其他的研究，比如植硅石之类的研究证明一万多年以前确确实实已经开始驯化野生稻，但是正式变成栽培稻，变成另外一个种，比较晚，得出现水稻田。现在，中国也好，世界也好，最早的水稻田是在长江流域发现的，这不就是考古实际证据嘛。

我给你们说个笑话。稻谷里面有两种稻子，我们中国汉代就有这两个词儿，一个叫粳，一个叫籼，就是粳稻和籼稻——稻谷的两个亚种。日本只有粳稻，就是圆粒大米；而泰国、东南亚只有籼稻，就是长粒大米。我们中国这两种都有。虽然在汉代这两个词儿就出现了，但是农学家不知道啊。因为日本都是种的粳稻，农学家就把这种稻子叫作日本稻；那种比较长的就叫作印度稻，农学家认为这种稻子是从印度起源的。随着考古工作的开展，日本的很多学者也都觉得不管是粳稻还是籼稻，都是从中国过去的。那么是怎么从中国过去的呢？就得找通路。他们认为是从长江口过去的，中国在浙江河姆渡发现了比较早的稻子，河姆渡离长江口不远，便是从那儿过去的。

但我说那怎么过得去呀？因为传播发生在公元前好几千年，公元前四五千年也就是距今六七千年。那个时候能够在海上航行的人，只能是渔民，不可能是农人。那渔民会带稻谷吗？即使他也吃一点稻米，那也是带大米呀，不可能是带稻谷，对吧？而且他怎么到日本呢，他怎么知道那边有个日本呢？他不知道的。也就是说是很偶然的机会，有个什么狂风之类的把他吹过去的。当然不能排除这种可能，但就算真的吹过去了，这人也是九死一生了，九死一生的人上岸，日本人不认为那是一个怪物吗？不把他宰了才怪呢。他会教日本人种稻谷吗？种稻谷不是说我拿了东西给你，你就会种了，那是一个文化发展的过程。你要知道什么时候种，什么时候收，收割以后的稻谷也不能直接吃，还得把它加工成大米。

这个过程怎么教会日本人呢？不可能的。我给你们打个比方，我们云南有一个苦聪人，住在山野里面，没有房子，当然也不种植任何东西，靠采集野果子为生。1949 年以后，我们觉得苦聪人这些兄弟太苦了，就把他们找回来，给他们盖房子，也给他们送大米吃，教他们怎么做饭，教他们怎么种田、种水稻。可他们觉得这样苦死了，搞了一段时间就跑了，跑了以后又把他们找回来，如此六次才基本上定下来。那被暴风吹到日本的几个渔民，既没有共产党干部的那种干劲，那种民族政策，也没有那么高的文化，他都九死一生了，怎么可能会教日本人搞这种东西，不可能的。

我们那时候很有意思，我们好几个人一块儿对话。樋口隆康先生也算我的老朋友，比我年纪还大，他就认为水稻是从长江口传播过去的，结果其他人都站在我这边来攻击他，那时候正好要打伊拉克的萨达姆·侯赛因，他说我又不是萨达姆·侯赛因，你们为什么老攻击我。所以，水稻的传播行为，只能是从长江到胶东，从胶东到辽东，从辽东到朝鲜半岛，再从朝鲜半岛到日本，这是一个接力的过程。这里面有很多说法，我今天不展开了。这是有很多事实证明的，年代顺序也合适，所以现在大家基本上都认可我这个说法。

学生：严先生您好，谢谢您做的这个报告，使我受益匪浅。有一个问题，我是外行的，想问一下您，考古地层学都关注哪些方面？

严先生：考古学所谓的地层，就比如说，有一个房屋倒了，它就会形成很多垃圾，地下就成层了，你要是把它切开，它上面的一层就是房屋的垃圾，下面的就是原来的地层，不就是两层吗？或者我们平时倒垃圾，老在一个地方倒垃圾，那垃圾慢慢就形成一个层，各种各样的情况都可以形成地层。你说的这个问题很有意思，有很多初做考古的人不懂地层形成的过程，以为在一个遗址里面，一个时期就是一个地层，不可能的。一个时期可以形成很多地层，而地层往往都是局部的，不可能把一整个遗址都覆盖上，除非有一个人为的活动，要把这个地平一平，再垫垫土，那不是自然形成的地层。所以地层其实就是一块一块土叠上去的，这样势必有一些在下面，有一些在上面。下面的地层是早的，上面的会晚，晚的时候不可能把东西堆到早的地层下面去，对不对啊？这个很好理解的。

有的人根据地层中偶然发现的一个东西，比如说，上面的地层出来根粉笔，而下面的出了个杯子，就认为这个杯子比这个粉笔早，但要我说那可不一定。我们要明白地层与它里面的遗物之间的关系，因为东西是制造的时候形成的，不是废弃的时候形成的。那么，再比如说，我家里有一个现在的瓷器，我家小孩不小心把它给打碎了，我把它扔了；后来，我买了一个明清时期的瓷器，小孩又不小心把它打碎了，我又把它扔了。那么很明显，明清的瓷器就扔在上面，反倒当代的瓷器在下面，你不能根据这么一个地层就说，当代的瓷器早于明清的瓷器，不是的。所以要分开。

那么考古学又是怎样根据地层来把这些器物的早晚分开的呢？这就有个概率的问题。就是说，不能老是现代打碎的都在下面，明清打碎的都在上面，这不可能的。所以，类型学的创始人，瑞典学者蒙特留斯认为，这样的过程应该重复三十次，才可以从偶然性变为必然性。我们根据多年考古工作的经验发现，不需要三十次，有那么几次就可以了。如果是一群器物，一两次就可以了；如果是单独一件器物，就得重复多次。这是一个概率的问题，不是说在下层的东西一定早，在上层的东西一定晚。

学生：严老师您好，我想请问一下考古学研究对于现代社会有什么意义？您刚才讲了考古学的危机，我感觉它主要就是和现在的社会建设有一定矛盾。如果我们能够发现它的矛盾并给予一些帮助，扩大这种社会影响，是不是可以缓解一下这种危机？谢谢。

严先生：这就是刚才讲的公众考古学的功能。到底我们古代这些东西有什么用？有的人会发问，你学历史有什么用，学考古有什么用，又不能吃，又不能穿。我说，人生活在世界上，并不只是为了吃和穿，当然没有吃、没有穿是不行的。你说我们发射卫星花多少钱哪，那能吃能穿吗？但它代表了我们科学技术的发展，而且它是资源卫星也好，国防卫星也好，确实是有用的。很多学科都不是为了能吃能穿的，但是能提高人的素质。一个人生活在世界上，他应该有个追求，应该成为一个有文化的人。我们现在不是有很多议论嘛，说中国人怎样怎样，你们可以打开微信看一看，这些事太多了，那些人都缺乏文化修养。而考古学作为一个学科，对你的科学素养，对你的传统文化素养都是有帮助的。比如说人从哪里来这个问题。上帝造人是不是也还有可能啊？中国古人说的盘古开天地有没有可能啊？了解了考古学，你就不会问这种问题了。

学生：严老师，我是一个考古爱好者，对于我来讲我非常关注您刚才说的一件事情。刚才您提到目前发现了很多遗迹，您说发现的遗迹是数以万计的，但发掘的只不过数以百计。我也能理解咱们现在可能是由于科学技术的限制，比如说秦始皇陵或者明十三陵这样的很多皇陵都没有被发掘。从考古爱好者的角度来讲，我个人是特别着急的，我特别想知道这些皇陵里到底有什么东西。我想您作为一个考古专家也特别想了解那里面有什么东西吧，目前有没有一个发掘规划，还是就一直这样等下去呢？我想请问您是怎么看这个问题的。

严先生：为什么我们不挖古代帝王陵墓啊？这是因为我们现在的技术，特别是保护的技术不过关。挖出来挺好，但是你怎么保护呢？不如留给子孙后代，当科学技术更加进步，保护条件更好的时候，人家有兴趣，再挖开。

但是一个非常偶然的机会，我们最近挖了一个帝王陵——隋炀帝陵。为了保护运河，我们在运河旁边的一些地方适当地做了点考古发掘，挖了个很小的墓，但谁也没想到这是个帝王陵。虽然很小，但是墓志说得清清楚楚，就是他。所以我说这是个大好事？什么大好事呢？我们历来都认为隋炀帝是个花花公子，花了国家多少钱去修了那么一条运河，就为了到江南去看琼花。历史不就是这么记载的吗？你现在看看秦始皇是个什么陵，再看看隋炀帝是个什么陵。秦始皇干了什么，秦始皇焚书坑儒；隋炀帝干了什么，隋炀帝建了一条运河。长城在当时是起了点作用，但也不都是秦始皇修的，早就有了，他把它们连到了一块而已。运河这么长，水只能从高处往低处流，它怎么修呢，当时用了很多科学技术。比如说，山东南旺那个地方，有好几层梯级的提水坝，把水提过去。而且运河现在还在用啊！世界上哪有第二条运河有这么长，有哪条运河从隋代（当然后来还有继续再修，隋代没有京杭运河，它是到洛阳）到现在还在用，还在发挥作用？运河起到的经济效益有多大，对民族交融、南北交融的作用有多大，世界上没有第二个。我就觉得应该申请世界文化遗产，果然一下子就通过了。连长城都可以成为世界文化遗产，运河比长城价值高得多，为什么不能？反过来说呢，应该给隋炀帝翻案。

学生：严先生您好，非常荣幸今天能听到您的讲座。最近在石峁发现了城址，它的规模比南方的良渚城还大。那么我们怎样认识在这样一个地区存在这样一个城，在这样一个新石器时代存在这样一个阶段？我想请问您对此有什么看法？

严先生：石峁我们也都感到很惊讶。石峁城在陕西的北部，属神木县，这地方现在还比较荒凉。新石器时代的先民在山上修了一个三四百万平方米的城，有内城、有外城、有皇城。我虽然年纪比较大，但石峁城我还真上去看了一下，为此我还写了一首词。因为我知道，范仲淹曾经戍边就是在这个地方，那时叫麟州，有首词叫《渔家傲》："塞下秋来风景异，衡阳雁去无留意。四面边声连角起。千嶂里，长烟落日孤城闭。浊酒一杯家万里，燕然未勒归无计。羌管悠悠霜满地。人不寐，将军白发征夫泪。"我小时候就念过这首词，到了那里我一看，不就是石峁！在龙山晚期到相当于二里头的这段时间，也就是公元前2000年前后，在山上有这么大个城，出了很多的玉器。

后来我自己也填了一首词："石峁山城风景异，老夫迈步登石级，走进东门寻彩壁。残迹里，红黄白色皆鲜丽。巍巍皇城居重地，层层叠石围墙壁。礼玉琳琅璋与璧，惊未已，文明火炬边城起。"因为东门那儿有彩绘的墙壁，石头砌得非常好，而且画的彩画，有红的、黑的、绿的、黄的，好几种颜色，非常鲜艳。但可惜了，它不可能都留在墙壁上，很多都垮下来了，有的一块一块还是可以看得清楚。石峁城还有个皇城，也都是石头砌的，砌得非常非常好。

但是如果你光看这座城，你是看不明白的。后来我们将这城里发现的东西与周围的进行比较，比如说一些陶鬲，跟山西陶寺遗址的几乎一样。它作为一种文化，差不多能覆盖整个陕北，甚至还覆盖了二里头的一些地方。为什么我们认定它的年代可以晚到二里头呢？因为它的一些遗物和二里头几乎是一样的。它跟北面的游牧文化也有非常密切的关系，比如很多人头的雕像，跟游牧文化的差不多。所以在当时，这里很可能是游牧民族跟农业民族交会的地方，这种交会的地方，往往有冲突。游牧民族经不住冬天的大雪，冬天来一场大雪把他们的牲畜都冻死了，他们吃什么，怎么办？最便捷的办法就是去南边，找农业民族要东西。农业民族不给，他就抢，一抢，人家就要抵抗，所以我们中国历史上，整个长城沿线，都在不断地冲突。长城就是一个农牧交界区，但作为内地的统治者，也不能完全将它阻断，所以就留了几个关口，还是可以进行贸易的。或者实行和亲政策，不然没有什么办法管理啊。可是在那个年代，是没有这样有力的政权来做这件事情的。石峁这个地方，很可能就是当地先民想法子抵御这种冲突，或冲突起来了也有能力来管控的这么一个地方，不然不会在这个地方建城。我想就是这么回事儿。

（原载《公众考古学》第一辑，上海古籍出版社，2020 年）

中国史前文化的谱系

一 史前文化的地理与历史背景

中国有960万平方千米，西高东低，很像一个巨大的摇篮，背对欧亚大陆腹地而面向太平洋。中国的四周多为高山、沙漠或海洋，形成一圈天然的屏障，外来文化难以传入。中国境内最富饶的地方是黄河中下游与长江中下游，给史前文化的发展提供了十分有利的条件；边境地区多高原或山地，气候条件相对较差，史前文化的发展不能不受到一定的限制。

中国南方有丰富的古猿化石，其中云南境内的禄丰古猿最为重要。它的一些体质特征跟印度次大陆古猿和亚洲大猿接近，又有一些跟南方古猿和非洲大猿接近，而南方古猿乃是人类的近祖。根据这些迹象判断，中国很可能是人类起源的重要地区。中国发现早期人类化石也就是很自然的事了。

二 最早的人类活动的证迹

中国较早的人类化石首推云南元谋上那蚌发现的两颗元谋人的牙齿化石，同出的还有几件石器，经古地磁测定距离现在约为170±10万年。

在山西芮城西侯度一处河湖相沉积中发现了一批打制石器。经古地磁法测定距今约有180万年。这些石器已有一定的加工方法和类型，不像刚刚学会制造石器的产品，所以有的学者推测中国还应有更早的人类和他们制造的石器等文化遗物。

前不久在四川巫山县一处洞穴堆积中发现了一个人头骨，被命名为巫山人。古地磁测定达 200 万年。虽然对这年代的可靠性仍有不同看法，但距今 200 万年甚至更早中国就应有人类生活并与大自然作顽强的斗争，则是没有疑问的。

三　中国旧石器文化发展的谱系

元谋人以后，在中国的大地上一直有人类生存和发展，并且留下了许多他们的骨骼化石。这些化石大约可分成三个发展阶段：直立人、早期智人和晚期智人。

直立人又称猿人，有陕西蓝田猿人、安徽和县猿人、北京周口店的北京猿人、湖北郧县猿人、山东沂源猿人等。其体质特征就是又像猿又像人，所以称为猿人。他们能劳动，能制造石器，也会用火。脑部特征的研究证明他们已有简单的语言和思维能力。

早期智人又称古人，有陕西大荔人、辽宁金牛山人、山西许家窑人和丁村人、广东马坝人、安徽银山人、湖北长阳人和贵州桐梓人。他们的脑容量显著增大，体质特征也更接近现代人了。

晚期智人又称新人，已发现的有北京山顶洞人、广西柳江人、四川资阳人、贵州穿洞人、内蒙古河套人、云南丽江人和陕西黄龙人等。他们的体质特征几乎和现代人相同，白、黄、黑三大人种这时也已基本形成，而中国的晚期智人都属蒙古人种即黄种人。

与人类体质发展相适应，旧石器时代文化也可分为三个时期。早期为直立人时期，地质年代属早更新世和中更新世，绝对年代大约距今 200 万 ~ 10 万年。以北京周口店文化为代表，石器打制比较粗糙，类型简单且不甚确定。已知用火，除狩猎外，还采集朴树子等野果充饥。

中期为早期智人时期，相当于地质年代的晚更新世前期，绝对年代约距今 10 万~ 5 万年。以山西丁村为代表，石器加工技术有所进步，大三棱尖状器、砍砸器和石球等最富特征。

晚期为晚期智人时期，相当于地质年代的晚更新世后期，绝对年代约距今 5 万~ 1.5 万年。此时遗址遍及全国，表明文化有大发展。石器加工更为进步，出现了制作精致的细石器，同时还有各种骨器。有了骨针，知道当时人类已会缝制皮衣。已知人死后应被埋葬，并在死者周围撒赤铁矿粉末，这表示当时已有宗教的萌芽。

由于我国地区辽阔，各地旧石器文化呈现出明显的差别。以秦岭—淮河为界，北方和南方就很不相同。同时北方也还存在着不同的系统。例如中原地区主要是砍砸器—大三棱尖状器传统，而燕山长城地带主要是刮削器—雕刻器传统，另外还有其他的传统。南方也有几种不同的传统。但中国旧石器的主要特征是向背面加工的小型石器组群，它区别于欧洲、非洲及其他国家的旧石器文化，具有鲜明的特色。可见中国的旧石器文化是本土起源和发展的，并已显露多元一体的基本格局。

四 从旧石器时代向新石器时代过渡的三种途径

我国旧石器时代和新石器时代之间是否存在着中石器时代，目前还有不同的看法。但在公元前一万年左右即已进入新石器时代，则是没有疑问的。

我国从旧石器时代向新石器时代过渡大体经过了三种不同的途径。长江流域及其以南很早就栽培水稻，逐步形成以稻作为主的水田农业文化。东南沿海则多洞穴和贝丘遗址，渔猎经济比较发达而农业往往只占次要地位。

黄河、海河、辽河流域为半干旱温带气候，很早就种植粟、黍等旱地作物，逐步形成以粟作为主的旱地农业文化。

东北北部、蒙新高原和青藏高原等地，由于气候干燥，气温较低，不适于农业的发展。故到新石器时代仍以采集、狩猎为主，石器制造也继承旧石器时代晚期的传统而出现大量的细石器。

由此可见，三种不同的过渡途径形成了三个大的经济文化区，并且一直影响到往后的发展。

五 新石器时代文化的谱系

我国的新石器时代文化，包括过渡性的铜石并用时代文化在内，大体可统分为五个时期。

　　新石器早期以广西柳州大龙潭为代表，年代约公元前 10000～前 7000年。出现了少量磨制石器和陶器，个别地方养猪，但没有农业痕迹。

　　新石器中期以中原地区的磁山文化为代表，年代约当公元前 7000～前 5000年。已有比较发达的农业和养畜业，磨制石器和陶器也有很大进步。

　　新石器晚期以仰韶文化前期为代表，年代约公元前 5000～前 3500年。出现了较大的农业村落和很大的公共墓地，美丽的彩陶就是在这个时期发展起来的。

　　铜石并用早期以仰韶文化后期为代表，年代约公元前 3500～前 2600年。此时出现个别铜器，大量使用玉器，聚落发生明显分化，出现中心聚落和贵族墓地。

　　铜石并用晚期以龙山文化为代表，年代约公元前 2600～前 2000年。铜器逐渐多起来，玉石器和陶器制作都更精致，出现了夯土筑成的城，还有水井。有的贵族墓有几重棺椁，等级制显然已经出现。到处都有战争的遗迹，社会已跨上文明时代的门槛了。

　　在新石器时代，地方性文化区也已经形成。由于每一个文化区都可同古代某个族系的活动地区相联系，所以这种文化区很可能就是民族萌芽的一种体现。

　　大致说来，黄河中下游和长江中下游的文化比较发达，考古工作也较多，所以文化区的研究也比较准确。现在大体可分为中原文化区、山东文化区、甘青文化区、江浙文化区和长江中下游区等几个区域，分别与古文献记载的华夏、东夷、戎羌、古越和三苗等族系有联系。每个区在不同的时期又发展为不同的考古学文化，形成很复杂的谱系。

六　多元一体格局的初步形成

　　新石器时代各文化区的形成与自然地理环境有关，也与旧石器时代即已出现的不同文化传统有关，所以新石器文化的起源是多元的。

　　在新石器时代农业初发展起来时，最适宜的自然地理条件在黄河中下游和长江中下游，所以那里成为新石器文化最发达的区域。越向边境，自然地理条件越差，文化也就越不发达。人类总是向往先进文化，因而在全国范围内形成了一种向心的因而也就是凝聚式的结构，我曾把它形容为一种重瓣花朵式的向心结构。加之各文化区相互影响、相互交流，使许多文化因素相似或接近。发展水平上虽不平衡，发展阶段上在相当大范围内也接近同步。这意味着有一定的统一性或整体性。结合起来就是一种多元一体的格局。它对以后夏、商、周文明和以汉族为主体的多民族统一国家的形成都具有深远的影响。

（讲课提纲，1992 年 5 月）

中国古代的二次葬风俗

二次葬又称为洗骨葬或捡骨葬，是在人的尸体腐烂后，再把骨骸捡拾起来，有的还要清洗一下后再次进行埋葬的一种风俗，在世界上是十分普遍的，我国古代也颇为流行。最早记载二次葬的见于《孟子·滕文公上》，其中写道"盖上世尝有不葬其亲者，其亲死，则举而委之于壑。他日过之，狐狸食之，蝇蚋姑嘬之，其颡有泚，睨而不视……盖归返虆梩而掩之"，说明二次葬之前还要实行天葬。现代东北地区的索伦族也还有类似的葬法。他们把冬天的死者抬到山林间实行天葬，让禽兽啖食肉体。开春后才收拾骨头实行土葬即二次葬。

《隋书·地理志下》比较详细地记述了今湖北、湖南和江西等地的非华夏族人民实行二次葬的风俗。书中写道："南郡、夷陵、竟陵、沔阳、沅陵、清江、襄阳、春陵、汉东、安陆、永安、义阳、九江、江夏诸郡多杂蛮左，其与夏人杂居者则与诸华不别，其僻处山谷者则言语不通，嗜好居处全异，颇与巴渝同俗，诸蛮本其所出……始死，即出尸于中庭，不留室内，敛毕送至山中。以十三年为限，先择吉日，改入小棺，谓之拾骨。拾骨必须女婿，蛮重女婿，故以委之。拾骨者除肉取骨，弃小取大。当葬之夕，女婿或三数十人集会于宗长之宅，着芒心接篱，名曰茅绥。各执竹竿，长一丈许，上三四尺许犹带枝叶。其行伍前却皆有节奏。歌吟叫呼亦有章曲。传云：盘瓠初死，置之于树，乃以竹木刺而下之，故相承至今以为风俗。"书中既云与巴渝同俗，可见今重庆地区的先人也有这种风俗。清代云南的普马族也有这种风俗，据乾隆《开化府志·卷九·风俗》记载："普马……人死，不论男女，俱埋于堂房之下常行走处，每日以滚水浇之，俟腐时取出，以肉另埋，骨则洗净，用缎袋盛之……藏于家，三年乃葬。"现代广东、福建的沿海和西部地区也还有二次葬风俗。亲人死后先将尸体存放在特设的厝屋内或埋在地下，等到来年清明前后再收集尸骨集中埋到一定的茔地中去。湖南也有类似的情况。早年在我的老家开了一个槽坊，负责酿酒的张师傅原是岳阳地区的巴陵人，早年迁居华容后不幸丧偶，只好就近埋葬。多年后他要回老家去，就发冢取出骨骼，盛放在一个布袋里，在自家屋檐下挂了半年，才带回岳阳老家重新埋葬，这不就是二次葬吗？

我国田野考古规模之大是世界少有的，发现的墓葬数以万计，其中就有不少二次葬。不过南方地区因为炎热多雨，土地潮湿，大多数墓葬中的骨骼难以长期保存，自然也难以区分葬式。黄河流域则因为文化发达，人口众多，墓葬自然就特别多。半干旱的气候和质地疏松的黄土都有利于人体骨骼的长期保存，因而是发现二次葬最多的地方。不过到夏商周及以后各代，由于盛行厚葬，棺椁里面的空气和衣衾等有机物不利于骨骼的保存，因而也难以分辨是否有二次葬。唯有新石器时代葬具简单，尸体几乎直接贴土，尸体经腐烂分解后多已不存，仅仅剩下骨骼，不论是一次葬还是二次葬都很容易区分，是发现二次葬最多的时期，分布范围几乎遍及全国[①]。

现知最早的二次葬发现于广西和黑龙江。广西桂林甑皮岩新石器时代早期18座墓葬中有2座为二次葬。广西扶绥敢造新石器时代早期墓葬中骨骼凌乱，也多为二次葬。黑龙江密山市新开流的47座墓葬中，有29座为二次葬。

中原地区最早的二次葬发现于白家文化期，包括陕西临潼白家、南郑龙岗寺、宝鸡北首岭和关桃园。白家早期M19中的少年骨架和M22七人合葬墓中左边两人明显是二次葬；晚期的M4、M6和M21据图版看也应该是二次葬。宝鸡北首岭M10为五人合葬，其中三人为仰身直肢的一次葬，二次葬的两人也摆成仰身直肢葬的样子，但骨骼位置错乱，明显是二次葬。发掘报告认为属于仰韶文化，但从出土器物看应属于白家文化。关桃园的前仰韶二期实际是白家文化，其M24和M25骨骼凌乱，应为二次葬。南郑

---

① 本文初稿草成后，看到了日本横田祯昭的相关文章：《关于中国史前时代的二次葬》，载樋口隆康主编，蔡凤书译：《中国考古学研究论文集》，日本东方书店于香港出版，1990年。该文收集资料缺乏仰韶文化的史家期和庙底沟期的大批资料。

龙岗寺的 7 座墓葬，有 5 座单人葬，骨骼按仰身直肢摆放，但位置错乱。另两座骨骼零碎，保存不好，都应当是二次葬。白家文化的绝对年代，据碳－14测定大约在距今7330～7050年，属新石器时代中期。

继白家文化发展起来的是新石器时代晚期的仰韶文化。仰韶文化早期为半坡期，二次葬有所发展。北首岭 349 个单人葬中有 31 个二次葬。西安半坡和临潼姜寨均有少量发现，而大多数则见于华县元君庙和华阴横阵村。半坡的 118 座墓葬中有两座合葬墓，其中的 M38 是 4 个年轻女性的合葬，2 人为仰身直肢的一次葬，2 人为二次葬。M39 为两个男人合葬，均为仰身直肢的一次葬。116 座单人葬中有 5 座为二次葬。半坡还有两座成人的瓮棺葬，明显是在尸体腐烂后捡拾骨骼才可能放入瓮棺的。姜寨一期 174 座墓葬中，有 9 座单人二次葬，1 座为二人二次葬。元君庙共发现 57 座合葬墓，有的墓兼有一次葬和二次葬，有的墓全部为二次葬。总计 200 个人骨中有 180 个二次葬。横阵村有 3 座复式合葬墓和 1 座合葬墓，全部是二次葬。其后的史家期过去曾称为半坡类型晚期，是二次葬大流行的时期。其中渭南史家 40 座墓 727 个个体几乎全部是二次葬。同属史家期的临潼姜寨二期绝大多数墓葬也是二次葬。该期 189 座土坑墓中就有 154 座二次葬墓。其中单人 25 座，合葬墓中的 M75 有 69 人，分层埋葬。M205 有 82 人，而且在大墓坑中有几个小墓坑分层埋葬。M358 是一个椭圆坑，其中有 84 人的骨骼堆放在一起。所有合葬墓中的二次葬人骨共有 2195 具。此外在 103 座瓮棺葬中有成人二次葬 27 人，两者合计达 2222 人！是二次葬最为集中的墓地。此外与史家期大致同时的山西芮城东庄村、山东长岛北庄、兖州王因和湖北郧县大寺也都发现有多人合葬的二次葬。

继史家期之后发展起来的是仰韶文化的庙底沟期，那是一个文化大发展的时期，也是二次葬流行的时期。不过重心有所转移，从陕西关中转移到河南西南部，而且除多人合葬的土坑墓外，还有大量的成人瓮棺葬。如前所述，二次葬本来是一种特别的风俗，但是在多人合葬风俗大流行的情况下，二次葬却是不得不采用的一种方式。

河南三门峡南交口仰韶二期即庙底沟期，有一座圆角方形的土坑墓 M2，墓中 24 人均为二次葬，包括 8 男 10 女和 6 个儿童。河南邓州八里岗有多座合葬墓，每座墓合葬的个体数量多少不等。其中一座墓 M13 合葬的人骨，按头骨计算 126 个个体，还随葬 140 个猪下颌骨。用放射性碳素测年方法对每个人骨的骨胶原进行测定，知道各人死亡的时间均不相同，最大差距达 200 年。据用 DNA 检测，可知基本上属于两个母系继嗣群。猪下颌骨以母猪为多，还有少量野猪，年代相差达 400 年之久。这么长时间先后死亡的人骨和猪骨怎么保存的？什么人保存的？其中有的可能还不止二次葬，也许是第三次或四次埋葬。其中蕴含的社会问题可能不是一下子就能够说清楚的。

河南西南部的成人瓮棺葬应该都是二次葬。葬具是一个直筒形平底缸，底部有一个穿孔，是专门做葬具用的。有的缸口沿外有一圈泥突，配套的缸盖上也有一圈对应的泥突。尸骨放好后盖上盖，用绳索将缸和盖绑在一起，然后埋在一个土坑里。这样的瓮棺因为较早发现于河南伊川土门等地，习惯称之为伊川缸。迄今发现伊川缸的墓地有十几处，以河南汝州最为集中。河南鲁山邱公城也有五个瓮棺成梅花状合葬在一起。汝州中山寨村北则有两行排列整齐的伊川缸葬。汝州洪山庙 1 号墓是一个长方形土坑，虽然有一角早年已被破坏，仍发现有 136 个瓮棺，估计原先应该有 200 个。据尸骨观察，死者男女老少和儿童都有。据当地老乡说，同样的合葬坑在旁边还有一个，早年就被完全破坏了。1 号墓的瓮棺都没有盖，外壁多饰彩画，内容有日、月、人、鸟、鹿、龟、蜥蜴，还有面具、男根和多种几何图形。这座合葬坑中的死者，恐怕也不都是二次葬，而可能是三次、四次的埋葬。这墓近旁的临汝阎村更有一个较大的瓮棺，上面画了一个白鹳，嘴里叼了一条似为白鲢的鱼，明显是表现一个故事。很可能是一位首领的特殊埋葬。我写了一篇《鹳鱼石斧图跋》的短文进行揣测（《文物》1981 年 12 期）。

在江苏金台三星村马家浜墓地有数以千计的墓葬，其中不少是二次葬。东台蒋庄相当于仰韶文化晚期的良渚文化墓地中，更有大量二次葬。在总数 284 座墓葬中，二次葬占 52%，包括拾骨二次葬和烧骨二次葬两种。

仰韶文化之后的龙山时代已很少发现二次葬，只是在湖北天门等地的肖家屋脊文化中有随葬精美玉器的成人瓮棺葬。在广东曲江石峡更有一种非常特殊的烧骨二次葬。墓中有前后两套陶器，推测是原先一次葬有一套陶器，等尸体腐烂后，把人骨取出来烧成碎末再埋入墓穴的一角，同时再随葬一套陶器。是一种非常特殊的二次葬风俗。又甘肃武威皇娘娘台齐家文化28座墓葬中有2座二次葬。洛阳东马沟9座二里头文化墓葬中，有2座二次葬。

（1978 年 5 月初稿，2020 年 5 月修改）

石斧研究

一　前言

石斧是一种复合工具，除斧体本身外，还必须安柄才好使用。旧石器时代的打制石斧是不安柄的，所以称为手斧。实际上，它既可以砍树枝，也可以用来挖野菜或打野兽，打来野兽也只有用石斧才可以宰杀切割。换言之，在当时极其原始的狩猎—采集经济条件下，那种打制的手斧乃是一种通用的工具，而不是后来才有的那种专门化的手工工具。作为手工工具的斧头主要是对木材进行加工的。其功用包括砍、劈、削等项目，是新石器时代最主要的手工工具。英国著名的考古学家柴尔德指出，尽管有报道说在欧洲波罗的海岸边的中石器时代遗址中发现过磨制石斧，还有人说在俄罗斯的旧石器时代遗址中也发现过磨制石斧，实际上只有到新石器时代早期的遗址中才得到普遍证实，显然应该看作是新石器时代的一种发明①。这是有道理的，因为只有到新石器时代才开始有农业，开始有相对稳定的定居生活。人们开垦荒地做农田，有时需要砍伐树木；盖房子也需要准备各种木材，制造农具、家具和其他木制器具也离不开石斧等加工工具。

最初出现的石斧类型简单，个体变异较大，加工技术也比较原始。一般是经过选料、选形、打坯、琢坯、磨平、作孔等几道工序。最后要安上木柄才好使用。后来逐渐发明了石材切割和管钻技术，石斧的类型也逐渐

---

① V. G. Childe, Old world prehistory: Neolithic, *Anthropology Today*, Chicago, 1953, pp. 200 – 201.

分化。有专门担任砍劈的，有主要用于劈削的。后来更分化出一种专门用于战争的扁斧即钺。到了铜石并用时代出现了铜斧，数量很少。到青铜时代出现了青铜斧。由于铜斧过于昂贵，硬度有限，无法代替石斧。我国商周时代虽然有青铜斧，但数量很少，主要木工工具仍然是石斧。直到东周时期的村落遗址中还经常发现石斧。只有当铁器大量出现之时，石斧才逐渐被铁斧所取代，最后完成了它的历史使命。

马克思在《资本论》一书中说："动物遗骸的结构对于认识已经绝迹的动物的机体有重要的意义，各种经济时代的区别，不在于生产什么，而在于怎样生产，用什么劳动资料生产。劳动资料不仅是人类劳动力发展的测量器，而且是劳动借以进行的社会关系的指示器。在劳动资料中，机械性的劳动资料（其总和可称为生产的骨骼系统和肌肉系统）比只是充当劳动对象的容器的劳动资料更能显示一个社会生产时代的具有决定意义的特征。"[①] 石斧既是新石器时代乃至青铜时代的重要工具，如果能够弄清楚它的发生和发展演变的情况，它的制作工艺和功效的演变情况，它与其他相关工具的鉴别与各自功能的研究等，对于这个时期社会历史的研究应该是十分必要的。

二　石斧的鉴别

要研究石斧，首先要弄清楚究竟什么是石斧。表面看起来，这好像是不成问题的问题。其实不然。因为我们今天能够看到的，除极个别的情况以外，并不是同斧柄连在一起的。单靠石斧本身来判断究竟是不是斧子，固然在多数情况下是做得到的，但也有不少标本容易混淆。例如错把某些特殊形状的斧子当作锛子或铲子的，或者把楔子当斧子的，实在是经常发生的情况。因此，确定一件工具究竟是不是斧子，应该有一套科学的标准，不要仅仅凭形状进行揣测。

任何一把斧子，总是要安柄才好用的。安柄的方式各种各样，有时是斧体插入柄端的穿孔，有时是斧柄插入斧体的穿孔，有时是用绳索将两者

---

① 《马克思恩格斯全集》第 23 卷，人民出版社，1973 年，第 204 页。

捆绑在一起。不论是怎么样的方式，斧体的长轴总是同斧柄相交成直角。从斧体的底视图看，斧刃同斧柄的纵轴总是互相重合，其正投影为一条直线。斧子的功用是砍、劈、削，加工对象一般是木料。加工过程中留下的痕迹，是鉴定其使用方式和区别于其他工具的重要证据。

首先谈谈斧与锛的鉴别问题。古代称锛为斤。锛字是后起的，直到宋代丁度的《集韵》中才出现锛字。甲骨文和金文中都有斤字。是个半象形半象意的字。山东莒县陵阳河出土一件大汶口文化的大陶尊上有两个刻划的象形文字，一个像钺，一个像锛，唐兰先生隶定为斤字。斧是形声字，斤形父声，甲骨文和金文中也都有。斧的重要功能之一是砍伐树木的。《诗·齐风南山》篇云："析薪如之何？匪斧不克。"斤也可以砍伐树木。《孟子·告子上》有"斧斤以时入山林"之语。同篇还说"中山之木尝美矣……斧斤伐之，可以为美乎？"现代巴布亚新几内亚的土著居民还常用有段石锛砍伐树木。

石斧与石锛多数在形体上有明显的区别，但也有一些比较接近。通常把双面刃即正锋的叫作斧，把单面刃即偏锋的叫作锛。不错，几乎所有的石锛都是偏锋的，但不是所有偏锋的都是锛子。看看现代木工用的铁斧，有正锋的，多数却是偏锋的。史前的劳动者要将木料砍断，就必须用正锋的石斧。而在劈、削木材时，偏锋的石斧就好用得多。

实际上斧和锛的安柄和使用方式是完全不同的。斧既然要砍、劈、削，斧刃和斧柄就必须在一条直线上。锛虽然可以伐木，但主要是刨平木料。《康熙字典》明确指出"锛，平木器"。锛刃则要与锛柄垂直。同时锛刃总是平直而不会有石斧常有的弧刃。锛刃与锛体纵轴也是垂直的而不会有斜刃。再者锛刃总是偏锋而不会有正锋。根据这些特点，斧与锛的区别是容易掌握的。

斧与铲的鉴别也不是很困难的。斧是木工工具，铲是铲土工具，使用痕迹就大不相同。铲也是安柄才能使用的。铲体的长轴与铲柄必须在一条直线上，使用的方式是握柄向前推。所以铲可以有直刃，也可以有弧刃。铲土要能省力，铲体就必须扁薄。但扁薄的不一定都是铲。过去有误把钺当铲的，简直是风马牛不相及了！

石斧跟石楔形状相似，过去往往不加区分，把石楔当成了石斧。但石楔较厚，也不安柄，正刃正锋，顶端往往有被锤击的疤痕，刃部倒不易破损。

三　计测和分类

1. 石斧各部位的名称

为了对石斧进行正确的描述和计测，有必要给器身各部位以适当的名称。石斧有六面，即六个正投影面：正面、背面、左侧面、右侧面、顶面、底面或底视面。在安柄的情况下，右手握柄，斧体的左面即正面，右面即背面。但一般石斧仅有斧体而没有柄，在这种情况下如何确定正面和背面呢？

在多数情况下，石斧的两边是不对称的。前边略长于后边。使用中有时刃部会有破损，破损的部位多在右侧。使用时刃部正面左边的摩擦力要大于右侧，摩擦的光面比右侧大。按这三条即可辨别正面和背面。但在很少的情况下，石斧的两边是对称的，破损部位不确定，磨损光面也没有明显的区别，就难以区分正面和背面。在这种情况下勉强区分也没有多大意义了。

一件石斧从上至下可分为顶部、体部和刃部三个部位，合起来称为通体。体部有宽扁形、窄长形以及厚重与扁薄之分。体部的横剖面多椭圆形，也有梭形和圆角长方形者。刃部从正面看，对称的称为正刃，倾斜的称斜刃。刃部平直的称平刃，弧曲的称弧刃。刃部从侧面看，两边对称的称正锋，两边不对称，一边稍平直而另一边有明显的坡口者称偏锋。一些考古著作中把正锋称双面刃，偏锋称单面刃是不确切的。

2. 石斧的计测

为了分析石斧的功能，有必要进行正确的形制分类，就要进行必要的计测。包括通体计测、中剖面计测和重量计测（图一）。

1）通体计测：在正面图上取顶角和刃角的 *ABCD* 四顶点，作 *AC* 和 *BD* 的延长线在上方相交的夹角称为斧角。斧角越大表示刃部越宽，反之亦然。个别的石斧刃部反比顶部窄，两边的延长线会相交于刃端之下，可称为窄刃斧，两边平行也属于窄刃斧。

2）中剖面计测：取 *AB* 中点和 *CD* 中点作连线 *EF*，又取 *EF* 中点作垂

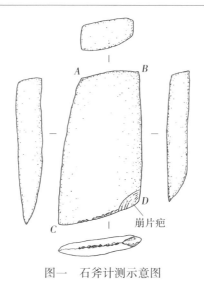

图一　石斧计测示意图

直剖面 $x-x'$ 和 $y-y'$，$y-y'/x-x'$ 数值越大则表示斧体越厚，数值越小则表示斧体越薄，即可称为扁斧。

四　制法和复原

　　湖北宜都红花套遗址在长江岸边有一个大溪文化时期的石器制造场，规模极大。那里是三峡出口不远的地方，水流稍缓，从三峡冲出来的大量河卵石积聚在岸边，为石器制造场提供了充足的原料。那些河卵石大的像冬瓜，我们戏称为冬瓜石；小的跟拳头大小差不多。在石器制造场留下的遗物和遗迹充分地反映出制造石器各道工序的全过程。如果要制造石斧，首先要选料，即选择跟石斧形状接近的卵石，接着要开坯。用一个拳头大的石锤将坯体在冬瓜石上打成石斧的形状。第三步是琢坯成型，用一个长条形的卵石当琢具不断地敲打坯体，石斧的形状就基本形成了。最后才是磨光。大部分石斧只是磨光刃部，斧身保持琢打的麻面。由于石斧是当时最主要的工具，红花套有大量石斧的半成品和残次品，更有一件特大型的石斧王。该石斧长 43、宽 14.5～17.5、厚 4.7 厘米，重7250 克，全身琢制，刃部磨光，实际上无法使用而只是一种象征，是石工们膜拜的圣物（图二，1）。

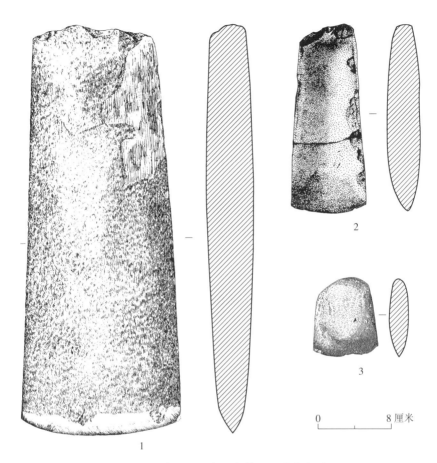

图二　红花套遗址石斧王与普通石斧大小对比
1. 石斧王（采集：615）　2. H375：53　3. T76⑤：151

　　在江苏吴县澄湖曾发现一件陶制带柄的钺，装柄的方法非常清楚。是将钺背半纳入柄端，柄上有三孔，钺上一孔，以便穿绳捆绑（图三，1）。苏州吴县还有一口良渚文化的水井出土一件带木柄的石斧，斧背纳入木柄，估计还要用木楔加固。这些都有助于石斧安柄方法的复原。在那个井里还出土一件子母口的黑陶罐，上面有五个刻划的图画文字。第一个像有长胡须的老人，第二、三个像对谈的两只鸟，第四个像龙，第五个像另一种鸟。可能讲述一个与老人相关的故事，但不知道跟那把陶钺有什么关系（图三，2）。

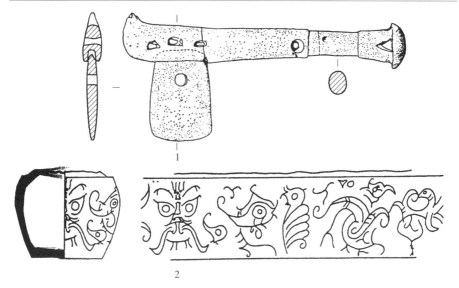

图三　良渚文化的陶钺模型（上）和刻划纹陶罐（下）
（江苏吴县澄湖良渚文化水井出土）

五　使用的痕迹

实际使用过的石斧，总是会留下相关的痕迹。最明显的是崩疤。那是在用力砍伐树木时偶尔会造成的损伤。伐木时着力最猛的是斧刃的后角。如果用力过猛，而木质又特别坚硬，就可能崩坏斧刃而留下疤痕即崩疤。其大小则视木质的硬度和砍伐的力度而异。砍伐坚硬的木料时，整个刃部还可能有些细碎的破碴。而最重要的使用痕迹则是擦痕。有时肉眼看不大清楚，需要用显微镜观察和描述。根据擦痕的方向可以了解砍、劈或削的用力方向。磨制的时候也会产生类似擦痕的细纹，但方向较乱，纹路也较重，是容易区别的。

六　功效的考察

有人不相信石斧也能砍树，其实这是常识，完全可以实测。最好是对不同硬度和不同直径的树木做砍伐实验，并做记录。甚至可以同铁斧或青铜斧做对比实验。这样可以对新石器时代的技术水平有一个实际的了解。

（1975 年 5 月初稿，2020 年 4 月修订）

文化环境论

人类社会的生存和发展离不开自然环境，往往也离不开人文环境。因此，研究考古学文化也必须考察它依存并与之发生密切关系的文化环境，包括自然环境和人文环境。自然环境对人类文化的影响首先表现在生业方向和生活方式，还包括风俗习惯和文化艺术等多方面的内容。长时期的影响可能形成重要的文化传统。当前的环境考古注意了对自然环境的研究，但是关于自然环境对人类文化的影响以及人类对环境的改造及其产生的后果注意不够。相对而言，人文环境是能动的，比较容易变化的。人文环境的影响常常表现为互动的，同时又多是以一方为主的。在考古学研究中，人文环境的影响常常以外来因素看待。通过对外来文化因素的分析，可以了解某一文化或社会与周边文化的关系，进而对本文化或社会的发展可以有更加深刻的理解。但外来因素也是可以转化的。当某种外来因素被吸收并且长期成为本文化的有机组成部分时，特别是在这个过程中又被本文化按照自己的需要而加以适当改造之后，就不应再以外来成分对待，只是在追溯其源头时应该实事求是地说明白。这里涉及内因和外因的关系的问题。对于一个文化或社会来说，自然环境和人文环境都是外因。但是如果这些环境的某些因素转化成了本文化或社会的有机组成部分，那么它也就成了本文化或社会的内因了。分清自然环境与人文环境，对于文化关系的研究是十分重要的。因为相同或相似的自然环境，有时候可能产生相同或相似的文化现象。因此，凡是遇到相同的文化现象，首先就要分清楚究竟是相同的自然环境造成的，还是由于文化交流或传播造成的。这样可以避免许多不必要的错误。

一　环境因素的两个方面

人类的生存和发展离不开环境，而环境包括两个方面：自然环境和人文环境。

自然环境是一切生物赖以生存和发展的必要条件。人也是一种生物，也要有适于自己生存和发展的自然环境。这环境包括地理位置、地形、水文、土壤、气候、植物、动物和矿物资源等许多方面。通常植物只能适应环境，动物除适应环境外还可以适当选择环境甚至适当改造环境，例如鸟类筑窝、某些哺乳类和爬行类动物打洞、海狸筑坝等。人是智慧的动物，他对环境不仅是可以适应和选择，还可加以进行大规模改造，创造出城市、乡村、道路、长城、运河、水库等人工环境，从而造成人与自然之间的复杂关系。

另一方面人又是社会的动物，他的生存和发展离不开与他人的交往，也就是离不开一定的社会；而任何社会的发展又不是孤立的，总是和其他社会群体发生这样或那样的关系。所以社会对个人来讲是一种人文环境，其他社会又是这个社会的人文环境。不言而喻，人文环境无论对个人或一定的人类群体乃至整个社会的生存和发展来说，都是至关重要的。

从考古学的角度来观察，一个考古学文化之所以是这样而不是别的什么样子，除了它固有的文化传统起作用外，很重要的原因就是它所处的自然环境和人文环境的影响。固然人类的活动往往是具有创造性的，但是任何创造活动都是在既有文化成果的基础上进行的，不可能毫无边际地凭空虚构。即使虚构也不是没有基础的，古代人就只能创造孙悟空大闹天宫的神话而不可能编出星球大战的故事。这个基础就是自身的文化传统和存在于人文环境中的别的地方或别的社会、民族、国家的文化成果，以及当时人对他周围自然环境的认识。一般地说自然环境和人文环境对考古学文化造成的影响是不同的，但是有时候也难以区分，有时候则是可以区分而没有注意加以区分。例如日本有些民族学家提出照叶树林文化的概念，注意了自然环境对人类文化的影响。但是有些学者仅仅根据云南和日本都属于照叶树林文化，就着意到云南去追寻日本文化的根，而没有考虑两地之间是不是真正存在人员之间直接或间接的交往。

二　自然环境对人类文化的影响

　　自然环境对人类文化的影响是十分宽广而深刻的，包括经济形态、生活方式和精神文化等许多方面，甚至影响到文化之间的关系及其发展方向。过去苏联民族学家托尔斯托夫和切博克沙罗夫提出"经济文化类型"的概念，就是充分注意到自然环境对人类文化的影响。美国人类学家斯图尔德提出的文化生态系统的概念，也是充分注意到了自然环境与人类文化的密切关系。他们的理论在考古学界都受到普遍的重视。

　　巴策尔1964年发表《环境与考古学》[1]，全面论证了自然环境对考古学文化的影响，受到学术界的普遍重视。我国从20世纪80年代起开始系统的环境考古研究，1995年成立了环境考古专业委员会，连续多次召开环境考古讨论会，出版《环境考古研究》，从此环境考古已成为考古学研究不可或缺的内容。

　　环境考古研究自然环境对考古学文化的影响，同时也注意人类活动对自然环境的影响。这应该从空间和时间的不同层次来加以解读。

　　从空间来说，至少要考虑小环境、中环境和大环境的不同影响。小环境主要研究文化遗址所在及其周边相关范围内的环境。不同性质的聚落对所处环境的选择可能有不同的要求，但一般总是要考虑生活的安全和资源的保障。不少村落选择河旁阶地，依山傍水，就是考虑山上有各种生活资源，山下可以开辟农田，也可以放牧；河里可以捕鱼，沿河交通比较方便，生活也比较安全。古代人选择居址讲求风水，好的风水就是好的居住环境。较大的环境可以是一个平原，如华北平原、东北平原、成都平原或长江中下游平原等，考古学文化自成特色。如华北平原的仰韶文化，江汉平原的屈家岭—石家河文化，太湖平原的良渚文化以及成都平原的宝墩文化等。更大的环境与气候有关。如华北的黄河流域为半干旱地区，在农业起源和早期发展时主要种植黍、粟类耐旱的作物，是旱地农业的重要起源地区。华中的长江流域气候适中，雨量充沛，是稻作农业的重要起源地区。东北纬度

---

[1]　Karl W. Butzer. *Environment and Archeology*, Aldine Publishing Company, Chicago, 1964.

较高，史前时期难于发展农业，成为狩猎—采集经济为主的地区。西北地区干旱，有广大的草原，是畜牧经济发达的地区。华南和东南沿海地区则是海洋经济发达的地区。不同的经济会产生不同的文化，形成不同的经济文化类型。而对人类影响最大的莫过于地史上第四纪冰期的进退，跟人类的起源、发展和大范围的迁移都息息相关，最后形成了人类世界的基本格局。

三　人文环境影响的复杂性

考古学文化除了受到自然环境的影响以外也还受到人文环境的影响，而且在许多情况下两种影响是交叉或同时进行的。比如仰韶文化的周围就有大汶口文化、大溪文化和红山文化等，在不同的时期就受到不同的影响。有的时候是仰韶文化对别的文化影响比较大，有的时候反是。文化之间有各种各样的关系。大致划分有和平的关系与非和平的关系。前者有友好往来、贸易、婚嫁等许多种；后者有掠夺抢劫和侵略战争等。比如仰韶文化对红山文化、早期大汶口文化和大溪文化的影响，大概都是和平的方式，而良渚文化对大汶口文化的碰撞，王湾三期文化对石家河文化的征服，岳石文化对二里头文化的渗透，则都是非和平的。

文化影响还有不同的层次。例如仰韶文化内各类型之间的影响与交流，是较小范围的层次；仰韶文化与周围文化的相互影响与交流则是较大范围的层次；通过草原之路或彩陶之路架起的东西文化的交流则是更大范围交流的层次等等。

一个文化通过不同方式获得了别的文化的某种因素并加以融合、传承和发展，也就成为本文化的有机组成部分。比如胡琴和羌笛本来是中国北部和西部少数民族的乐器，汉族吸收后一直传承至今，就成了本民族的基本乐器了。

四　中华文明形成过程中的环境因素

中国版图从秦始皇统一开始，历代虽然多有变化，核心区却非常稳定。这与中国所处的自然地理环境具有密切的关系。中国位于亚洲东部，地势西高东低，背靠世界屋脊帕米尔高原，面朝太平洋。周围是高山和海洋，自成一个独立的地理单元。在这个巨大的地理单元内，又可划分为西南高寒区、西北干旱区和东南季风区。后者又可分为东北、华北、华中和华南四区。高寒区人烟稀少，人们长期以狩猎采集为生，文化发展缓慢。干旱区有大片沙漠和草原，人们多以游牧为生，文化发展也比较慢。东南季风区跨越的纬度较大，气候差别也较大。东北纬度较高，平均气温较低，多森林草原，难于发展农业。华南纬度较低，为南亚热带气候，雨量丰沛。地势多山而很少平原，还有很长的海岸线和岛屿。人口不多而生活资源特别丰富，几乎没有发展种植业和养殖业的需要。虽然到处都有野生稻，人们不但不会去种植，甚至也不一定去采食。在相当长的时期都没有发展农业的动力。华北包括华北平原和黄土高原，都是半干旱地区，自然资源不甚丰富，而史前文化发展甚早。大约在 1 万多年以前，在河南新密的李家沟就发现有陶片、石磨盘和粟的痕迹。大约 7000 多年以前的裴李岗文化和磁山文化就有比较发达的旱作农业，种植粟和黍两种旱地作物。河北磁山发现大批长方形窖穴，里面有大量粟和黍的朽灰，如果换算成新鲜粮食大约有 15 万斤以上，说明当时的旱作农业已具有一定的规模。从此华北地区一直都是以旱作农业为主，发展了具有特色的农业文化。华中主要指长江中下游地区，属北亚热带气候，雨量丰沛，是地球上同纬度地区中气候和生态环境最优越的地区。早在 1 万多年以前，江西万年的仙人洞和吊桶环就发现了陶器和栽培稻的植物硅酸体，湖南澧县八十垱和彭头山则发现了大量距今 9000～8000 年以前的栽培稻遗存，说明长江流域是世界上水稻起源的地区，此后也一直是水稻产量最多的稻作农业经济文化区。值得注意的是，华北和华中的两种经济文化区是紧密相伴的。如果因天气干旱使旱作农业区歉收，稻作农业区可以接济；反之如果发生水灾导致稻作农业区歉收，旱作农业区也可以接济。这种可以互补的结构使其经济文化的发展具有相当的稳定性。

华北和华中毕竟都是很大的区域，区域内的自然环境还有不小的差异。前者有山东丘陵、华北平原和黄土高原；后者有江浙丘陵、两湖平原和成都平原。每个区域的自然环境和经济文化各有特色，各自发展了独具特色的史前文化系统。到公元前 3000 年前后又都踏上了走向文明的脚步。这说明中国自然环境的特点决定了中国文明的起源是多元的，又是有中心有主体的，即所谓多元一体。她是一种充满活力的超稳定结构，是中华文明持续发展数千年而从未中断的根本原因。

杨家圈出土的农作物遗存

杨家圈龙山文化的房屋大多被火烧毁，墙壁和屋顶的草筋泥都被烧得像红砖一样结实，习惯称之为红烧土。当时的居民在清理废墟时，把大量红烧土填进废弃的坑穴中。因而在发掘这些坑穴时就发现了大量的红烧土。仔细观察这些土块，发现其厚度多在 20 厘米左右，适当墙壁厚度的一小半。一面有木板或圆木印痕，另一面比较平整，表面还有厚约 1 厘米的外皮。草筋泥中掺杂了许多谷类作物的草叶和少量谷壳，墙皮中主要是掺杂小米一类的皮壳。我们将 H6 和 H9 的部分红烧土块送交中国科学院遗传研究所李璠先生鉴定，李认为 H6 和 H9 的红烧土块中"都有稻壳的印痕，稻粒已灰化，稻颖壳椭圆形，具二脉，颖壳宽为 3 ~ 3.5mm，长为 5 ~ 6mm。现代粳稻谷粒宽为 3.2 ~ 3.5mm，长为 6mm；籼稻谷粒宽为 2.5mm，长为 6.5 ~ 7mm。杨家圈稻谷的形态特征与现今的粳型稻种相似（椭圆形），而与籼型稻种（长扁形）有较明显的不同。在土块中还有稻叶、茎秆的印痕，脉纹清楚。因此断定其为普通栽培稻种（*Oryza Sativa*），并可能属于粳型稻种"。后来我们又将 H6 和 H9 的其他红烧土提交日本佐贺大学农学部的和佐野喜久生鉴定，他在两块土中各发现有十几个稻壳，并对其中较完整的两粒进行了测量，知其长为 6.29 毫米，标准偏差（±S. D.）为 0.03，宽 3.27 毫米，标准偏差为 0.04，长宽比为 1.93，标准偏差为 0.03，长宽积为 20.5，标准偏差为 0.13。结论同样是粳型稻。

李璠鉴定的 H6 中的另一红烧土块中掺杂了粟、黍的皮壳和茎叶，外墙皮中则有大量粟粒及颖壳，脉纹印痕清晰。其中粟的粒度较小，宽 1.2 毫米，长 1.2 ~ 1.3 毫米；黍的粒度较大，宽 1.5 毫米，长约 2 毫米。现代粟宽长都是 1.5～2 毫米；黍宽 2.2 毫米，长 2.5 毫米。据此推断杨家圈龙山文化时期除栽培稻谷以外，还种植粟（*Sitaria italica* L.）和黍（*Panicum miliaceum* L.）两种小米。

中国新石器时代早期文化及农业起源的探索（提要）

十年前，我曾将中国新石器时代文化分为早晚两期，同时分出一个铜石并用时代，作为从新石器时代向青铜时代过渡的一个时期。后来又把早期再分为早中两期，并且提出了从旧石器时代向新石器时代过渡的三种可能的模式。不过因为当时早期遗存发现不多，我的那些说法仅仅是一种推测，无法进行科学的论证。近年来，新石器时代早期遗存的发现逐渐增多，关于从旧石器时代向新石器时代转变的模式或道路逐渐明朗起来，中国农业起源的探索也有较大的进展，我想把一些情况做一简单的介绍。

我曾提出华中、华南走向新石器时代的过程，可能是伴随稻作农业的发生和陶器的发明而实现的。现在这方面的证据已逐渐多了起来。其中最重要的发现有江西万年仙人洞与吊桶环、湖南道县玉蟾岩和澧县八十垱、广西桂林的庙岩等处。这些遗址发现了公元前1万多年以前的陶器和稻谷或稻谷的植物硅酸体等，同时有少量磨制石器，个别遗址有家畜，这三种因素可能是基本上同时发生的。

华北走向新石器时代的过程，可能是伴随旱地农业，家畜与陶器的发明而实现的。河北徐水南庄头曾发现距今9000多年的遗址，其中有素面陶器、石磨盘和猪骨等，可视为一个明确的信息，只是材料太少。

东北等地走向新石器时代的过程，虽然在技术上有些进步，在经济上的变化则不甚明显。最近在兴隆洼文化之前又发现了小河西文化，陶器多为素面，石器以打制为主，农业似乎没有发展起来。北京平谷发现的1万多年以前的新石器时代早期遗址，虽有少量陶器，工具中多为打制的细石器，完全没有农业的痕迹。

上述发现表明，中国新石器文化发生的年代是很早的，从某种意义上来说也是最具典型意义的，与西亚等地农业发生后长期没有陶器，因而有所谓前陶新石器的情况有很大的不同，也同欧亚北方地区和日本等地很早发明陶器而长期没有农业和养畜业的情况也不相同。而且中国从旧石器时代走向新石器时代的不同道路或不同模式，特别是两个农业起源中心和两种农业体系的出现，对后来文化的发展和中国古代文明特征的形成也有深刻的影响。

(1996 年 3 月 18 日在台北史语所的演讲)

浅谈中国农业的起源

大家好！这两天正好是清明节，应该是出外踏青祭祖的好时光。大家在这么一个宝贵的时间来听我讲"中国的农业起源"，我不能辜负大家的期望，尽力把问题讲清楚。希望能够反映最新的研究成果，又不要那么太学究气。

我先讲第一个问题，为什么选这么一个题目，跟大家来讲"中国农业的起源"。大家知道，中国是一个农业大国，有13亿人口，占全世界人口大约是22%，可是我们的耕地只占全世界耕地的7%。我们是靠7%的耕地养活了占22%的人口，这是一个奇迹，在农业机械化和现代化水平并不高的情况下做到这一点就更加不容易。为什么会这样？难道不值得好好研究吗？这是现状，历史上怎么样呢？从有人口记载开始，中国的人口大体上都是占全世界的1/4或1/5左右，也是人多地少。怎么办？只有走精耕细作的道路。就是勤劳和智慧，在同一块土地上精耕细作，以求获得较高的产量。否则我们这么多人口吃什么？我们的国家怎么发展？这个问题一直激励着我，想探讨一个究竟。中国农业是怎么起源的？它怎么会发展到现在这个样子的？除了发挥主观能动性，还有什么更重要的客观条件？今后的发展方向如何？这是我时常思考的问题，是我之所以研究农业起源的一个重要原因，也是我今天要给大家讲这个题目的一个原因。

我们现在知道，全世界有三个主要的农业起源地，我这里讲的农业主要是谷物农业，不是那个广义的农业，主要是栽培谷类作物的农业，也就是主要生产粮食的农业。全世界主要有三个起源地。

一个在西亚，就是现在的伊拉克和它的周围地区，这个地方是小麦跟大麦的起源地，也是绵羊和山羊的起源地。这种农业叫作有畜农业，有家畜。有两种农业，一种是有畜农业，一种是无畜农业，就是只有栽培作物，不养家畜的。西亚是有畜农业。在这个中心农业起源以后，发展到一定阶段，产生了两河流域的古代文明，就是古苏美尔、阿卡德和后面的巴比伦文明，这个大家都知道。这个农业传到尼罗河流域，发展到一定阶段就产生了古埃及文明。传播到印度河流域后不久又产生了古印度文明。这个印度河大家要知道，现在不是在印度，在巴基斯坦，因为巴基斯坦跟印度原来是一个国家，都叫印度。现在印度的大河是恒河，不是印度河。所以这个以小麦、大麦为基础的农业，传播的范围相当广，在历史上起了非常大的作用。

第二个农业中心就是中国，中国是小米和大米的起源地。小米是指的粟、黍，主要在黄河流域起源和发展，后来成为中国北方的主要农作物。北方现在主要的谷物是小麦，是从西亚那边传过来的，不是中国原生的。大米就是水稻，是从南方的长江流域起源的。所以中国是两种农业的起源地，两种农业各有自己的分布区，像个双子星座，相互联系又相互补充，这是它最大的优点。西亚那边的小麦、大麦是在同一个起源地，属于同一个农业系统，面积又小，所以比较脆弱。

第三个农业起源地是在美洲，美洲是玉米的起源地。我们中国现在也大量的种玉米，这个玉米是在明代才通过菲律宾传播过来的，很晚。美洲的这个农业是无畜农业，没有家畜。以玉米为主体，还有南瓜和豆子，在印第安人的传说里面是叫作"农业三姐妹"。

世界上最主要的农业起源中心，就是这么三个。在这三个地区农业发展的基础上都对后来古代文明的产生起了决定性的作用。那美洲也有美洲文明，大家知道现在美洲的印第安人的古代文明，像玛雅文明、安第斯文明，年代也比较早，当然比中国还晚一点。它是在单一农业体系基础上产生的文明，影响范围仅限于美洲。中国的文明代表了东方的文明，也是唯一没有中断的文明，对周围的国家产生了非常大的影响。而西亚的，以两河流域、埃及和印度河流域为代表的文明，后面发展为古希腊、罗马文明，这就是西方人的古代文明。所以全世界呢，或者说是三大文明中心，或者说是两大文明中心，就是东方和西方，中国占了一方，这个与农业的起源和发展有非常大的关系。

　　第二个问题，我想讲一下考古学在研究农业起源中的特殊作用。我刚才讲的，是现在我们所能达到的一个结论，在若干年以前不完全是这样。比如说，我讲长江流域是稻作农业起源的中心，在几十年以前完全不是这样。几十年以前在考古学没有充分发展起来的时候，讲农业起源主要是农学家。农学家根据栽培种跟野生的祖本的关系，根据各种品种的分类，拿现在的话说就是基因库，基因种类多样化的地方，就是农业起源的中心。所以一般都认为印度是稻作农业的起源中心。后来日本的学者提倡山地起源说，有很大的影响。其中有一个很有名的农学家，叫作渡部忠世，他写过一本叫作《稻米之路》的书。他在印度、泰国、缅甸的北部找了一些用土坯盖的寺庙和古老的房屋建筑，发现那个土坯里面有少量稻谷壳甚至稻谷，因为那些土坯是用农田里面的土做的，所以上面有的时候有些残余的稻谷或稻谷壳，他仔细地采集了一些标本，首先分出了所谓日本稻和印度稻，也就是粳稻和籼稻，还进一步从形态上做了排比，分出了几大系列，都是通过大河流域传播的。而这些大河都是发源于中国的云南，还有越南、泰国、缅甸北部的山地，西部到印度的阿萨姆邦一带。其中一条是云南的澜沧江，流出国境就是湄公河，通过泰国、老挝、越南、柬埔寨等国，就叫作湄公河系列。一条中国的长江，从青藏高原出发，经过云南、四川等许多省区流入东海，就叫作长江系列。一条从中国西藏的雅鲁藏布江，流到印度就是布拉马普德河，再到恒河，那就叫恒河系列。好像山地是一个批发部，通过大河向周围传播。我说你采集的那些稻子有多少年？他说那起码有一两百年，有的寺庙盖了两百多年了。我说你只有两百多年，我们发现的稻子可是几千年甚至一万多年，你两百多年排出来有什么用？跟起源有什么关系？比如我们中国的南方种植占稻，那是从越南占城传过来的，时间很晚。占稻是越南占城的地方品种，不等于说稻作农业是越南起源的。我们中国的北京有京西稻，是从你们日本弄来种子栽的，时间更晚，不等于说稻作农业是日本起源的，那完全是两码事。历史上优良种子来回传播的例子多得很，跟起源没有什么关系。我们讲起源就讲最早的，要讲它的老祖宗。老祖宗是什么？唯一的办法就是考古的发现。

　　所以光是农学家的这种研究是不行的。他们不知道最早的农作物是什么样子，也不知道怎么样一步一步演变到现在。考古学就有这么一个优点，它可以把年代排比的非常清楚，哪个最早，哪个比较晚，然后怎么样一步一步发展下来，发展过程中有没有地区上的变化，把时空关系把握得牢牢的。在这个基础上再来排比稻谷种子，看看它有什么变化，它是怎么变化的，它是一个源头，还是两个源头，还是有多个源头。然后还是要找农学家和遗传学家来进行研究，既要看形态的变化，也要看基因的变化，可以把问题弄得很细。总之考古学研究是基础，没有考古学家的工作，农学家或遗产学家都无能为力。

第三个问题，我想讲一下中国的自然环境和农业起源的温床。中国是一个大国，陆地面积有960万平方千米，但是并不是所有的地方都适于农业，更不是所有的地方都可能成为农业的起源地。中国的自然地理大体上是这么一个态势，一是周围有高山、有大海，有天然屏障，自成一个地理单元；二是西高东低，有三个大台阶，像一个大躺椅，背对亚洲腹地而面朝浩瀚的太平洋。打开地形图就可以看到，西南一块是咖啡色，那就是"世界的屋脊"——青藏高原，海拔4000多米到5000米；世界上最高的山脉喜马拉雅在那里，世界上最高的山峰珠穆朗玛峰也在那里。往东北一大片是黄色的，包括新疆、内蒙古高原、黄土高原、云贵高原和四川盆地等，海拔大概是1000多米到2000米。然后再往东看，地图上是一片绿色，包括东北平原、华北平原、长江中下游平原和江南丘陵等，海拔一般在500米以下，江南丘陵可以达到1000多米。三大台阶清清楚楚。三是气候分带和分区。有三个大的气候区，跟地形上的三个台阶很接近。一个是西北干旱区，包括长城以北的新疆、甘肃的一部分、宁夏的一部分和内蒙古等地。这个地区的面积大约占全国的1/3，现在的人口不到全国的5%，是一个人口比较稀少，有大量的草原、沙漠和高山。这样的地方是不适于农业起源的。一个是青藏高寒区，包括整个西藏和青海的一部分。这个地方占全国土地面积的22%左右，将近1/4，人口不到全国的1%，当然也不适于农业的起源。往东面比较大的这一部分叫作东部季风区，是受东南季风影响的地区，也是中国经济最发达，人口最密集的地区。它的面积大约占全国的40%多，人口却占96%，可以说全国绝大部分的人口都在这儿，经济最发达的地方也在这儿。但是人口更密集的是在黄河流域和长江流域。这个东部又分成四块。最北面的叫东北，气候比较寒冷。农业是在1万多年以前起源的，那个时候气候更冷，不可能是农业的起源地。中国的南方有个南岭，在湖南、江西和广东、广西之间，也叫五岭，在南岭以南，包括现在的广东、广西、海南岛、云南的一部分和台湾的一部分，这个地方，我们平常通称为华南。大部分在北回归线以南。因为纬度低，气候的变化对它的影响很小。许多地方是长夏无冬，或者说夏天特别长，冬天特别短，自然的资源非常丰富，可以采集和狩猎得到的资源非常丰富。那里的人没有生活压力，就没有发展农业的动力，因此也难得成为农业起源的地区。

只有两块地方，一个是黄河流域，一个是长江流域。这两个地方历来人口比较多，就说在早期的旧石器时代，发现遗址也比较多，说明人口比较多。自然资源长江流域比较丰富，黄河流域稍微差一点，也还可以。但是这两个地方每年都有一个漫长的冬季。冬季的食物资源比较缺乏，就得想法子来增加这个食物的资源，一是栽培作物，二是畜养动物。这就是农业产生的社会需求，也就是农业起源的社会动力。从客观条件来说，这两个地方恰恰有可以栽培的野生祖本植物。小米的野生祖本，粟的野生祖本，就是狗尾草，那到处都是，黍的野生祖本在华北地区有野生黍。所以这个地方有可以栽养的谷物。那么在长江流域呢，那里有野生稻，到现在还有，江西、湖南都还有，只是很少，是野生稻分布的北部边缘。为什么农学家考虑水稻的起源时总是讲印度的起源，或者考虑山地的起源，还有一些农学家考虑华南和东南亚的起源，因为这些地方野生稻非常多。长江流域野生稻很少，是它自然分布的边缘地带。其实他们就没有想到一个问题，就是因为野生稻多，而且其他的食物也多，人家就用不着栽培了，对不对啊。长江流域呢，它有野生稻，但是不多，这才需要人工栽培嘛！大家知道稻谷作为食物的优势在哪里？它的优势绝对不是好采集，因为树上结的果子，一下子就可以采摘好多，又好吃，干果之类，比如橡子、板栗等你也可以采很多。可是稻子，野生稻不是像现在的栽培稻那么一丘田一丘田的嘛，稀稀拉拉，你要采集到一定的量很难的。而且野生稻黄熟了就掉地，又不是像栽培稻那样一块儿黄熟，它不是，前前后后时间拉得很长，而且一黄熟了就掉地。你要采集相当的量本身就很困难，采集了这些稻子你也不能吃，要去壳。我们现在吃大米饭，假如里面有几粒谷壳，都觉得很难吃对不对。你要把稻壳去得干干净净，不容易啊。你要知道那个时候的人没有舂谷的器具，只能用杵臼，那一点技术效率是很低的。很显然这个比采集什么果子，或者挖块根，或者打猎获取动物都要难，又没有那个好吃，没有那个方便。那么它的优势在哪里呢？主要就是填补冬季食物的匮乏，谷类作物的优势是可以贮藏。别的东西，你怎么摆几个月，放在家里，放几个月？不可能。我们现在有冰箱什么的，那个时候什么都没有，不可能啊。所以它的优势就是可以长期贮藏，解决冬天食物匮乏的困境。谷类作物的另一个优点就是一年生，好栽培，好管理。种了以后没有几个月就可以收获。种子拿到家里以后，等第二年开春来下种，两个多月以后就能够收割。要是别的植物，比如说水果，或者是干果，像栗子、橡子这些树。你把这个种子摘下来种了，多少年以后才结果啊，那个周期太长了，当时的人不好把握。这就是谷类作物，包括水稻、小麦、小米、玉米等的一个共同的优点。所以在这样的自然地理气候条件的背景下，黄河流域跟长江流域，就成了两种农业起源的温床。

这好像都是一些理论性的东西，事实究竟是怎么样呢？我现在就讲第四个问题，讲中国早期农业的发展阶段和双生农业体系的形成。中国农业的起源，究竟是一个怎么样的过程，在什么地方起源，在以前是不很清楚的。以前大体上知道，黄河流域是小米的起源地，那是一种推论，一种假设，没有事实的证据。直到 20 世纪 50 年代发掘西安半坡，在那儿的窖穴里面和陶罐里面都发现有粟啊，小米啊。当然是已经朽烂，只有皮壳了，但形态还是完整的。在一个窖穴里面就发现了成百斤的。我说的成百斤是要换算成新鲜的小米啊，那个皮壳都没有多少分量。那是属于仰韶文化的，从此知道在仰韶文化时期，中国北方确实是种小米的。以后在别的仰韶文化遗址里面都发现有小米的遗存，经过分析有两种，一种是粟，一种是黍，以粟为主。仰韶文化的年代大体上是公元前5000～前3000年，这是不是就是农业起源的时候呢？不像。我们觉得那个农业好像已经比较发达了。

到1976年，这个1976年是一个很值得注意的年代，当时我们中国发生了非常大的事情是吧。唐山大地震和政治上的大震荡都发生在1976年，中国终于从"文化大革命"的灾难中摆脱出来。1976年在农业考古里面也是非常辉煌的一年。这一年在河北武安磁山一个遗址里发现了几百个粮食窖穴。其中有80几个里面还保存有粮食，当然都已经成了皮壳了。有的窖穴装好粮食以后在上面封一层红烧土，让里面保持干燥。当时采集了一部分标本，通过灰象法测定认为是粟。最近通过淀粉研究证明里面还有黍，不仅是粟一种，还有其他的一些植物，但是以粟和黍为主。有人把这些窖穴里面藏的粮食的体积估算了一下，如果换算成新鲜的小米，大约有十几万斤，比过去曾经发现的所有遗址里面的小米遗存加起来还要多，而它的年代是公元前六千二三百年，一下子把种植粟、黍的年代提早了一千多年！你想一想一个遗址里面发现这么多的粮食，同时还有做得非常好的农具。主要是三种，一种是石铲，是翻地的，证明这个时候已经知道翻地了；一种是石镰，磁山的镰刀只有磨得很锋利的刃口；第三种是石磨盘和石磨棒，是加工谷物用的。与磁山几乎属于同一时期的还有河南新郑裴李岗等许多遗址，也有三种石器：石铲、镰刀、石磨盘和石磨棒，只是裴李岗的石镰都有齿，更好用于收割了。裴李岗一类遗址里也发现这种粟和黍的遗存，只是没有磁山那么多。年代跟磁山差不多。差不多的还有甘肃秦安的大地湾，在天水的旁边，也在窖穴里面发现有粟，而且还是整把的穗子，把好多谷穗捆在一起。以后在辽宁沈阳新乐的房址里也发现了小米。这样一来，整个黄河流域，以及再往北一点内蒙古、辽宁这地方都发现有这两种作物，年代都是公元前六千几百年，最早的差不多接近公元前7000年。

最近有一个消息，就是北京大学跟北京市文物考古研究所合作发掘的北京西郊门头沟区的东胡林遗址，不知道大家听说过没有。这个东胡林遗址是新石器时代早期的，年代是1万多年。最近在整理资料的时候，发现也有少量小米。发掘的时候虽然没有看到，但是把可能有粮食遗存的土样采了回来。因为同时发现有石磨盘、石磨棒，这是古代加工谷物的工具，猜想当时可能有栽培的谷物。最近果然筛选出来了，但是量非常少。

我们的叙述是从后面一直往前追，从公元前5000年一直追溯到1万多年以前。实际上这代表了我国北方旱作农业发展的几个阶段。像东胡林这样的，可能是农业的萌芽阶段，它当时主要的食物恐怕还是靠采集和捕猎野生动植物为主，少量的栽那么一点谷类作物，除了石磨盘、石磨棒以外，我们没有看到石镰，也没有看到翻地的工具。

第二个阶段，也就是公元前7000～前5000年这个阶段，就是相当于磁山文化、裴李岗文化这个阶段，我们把它叫作确立期，农业在人类生活中已经确立为一个非常重要的部门，农业的产品已经成为食物的重要构成部分，我不敢说是主要部分，这个量的问题非常不好解决。但是我们看到像磁山那么多的谷物遗存的时候，应该是食物构成里面的重要来源。而这个时候除了种植谷类作物小米以外，还养猪和鸡，是一种有畜农业，而且跟后代的农业已经有非常明确的联系了。我们东方人是爱吃猪肉的，到现在还这样，西方人爱吃牛羊肉，现在还这样。什么时候开始的？就是公元前7000～前5000年，也就是说距今9000～7000年，这么早的时候。

第三阶段是旱地农业的发展期，相当于仰韶文化的时期，即约公元前5000～前3000年，中国整个北方都种植粟、黍这两种谷类作物，有的地方还种植少量水稻。工具有了进一步的发展，变化更大的可能是聚落，就是人们聚居的村落，规模扩大，数量增加，明显是人口增加了。有的地方还出现了比一般聚落更高一级的中心聚落。这种情况，一定是有粮食生产大量增加的基础。可见这个时候旱地农业有了比较大的发展。

第四阶段是旱地农业的扩展期，考古学上叫作龙山时代，年代大概相当于公元前3000～前2000年，也就是夏代以前的这1000年。这一阶段的旱地农业不但有了进一步的发展，而且向外传播。传播到哪里？一个通道是往东传到朝鲜半岛，传到现代俄罗斯的远东地区，一部分到了日本的九州半岛；一个通道向西传播到甘肃、新疆；第三个通道是往南，长江流域以南也有一些水利条件不好的地方，也种小米，最远传播到云南和台湾。

稻作农业的遗存也有类似的一个发现过程。史前的稻作农业遗存，最早开始引起注意是在湖北，湖北有一个京山县的屈家岭，和挨着京山县的天门市石家河，这两个地方屈家岭文化的地层中间发现了大量稻谷的遗存。它是把稻谷壳掺在泥里面，叫作谷糠泥，盖房子的时候用来抹墙。以后这个房子失火了，墙壁的土被烧成红色，像红砖似的，在考古上把这种土叫作红烧土。因为这个土变成红烧土了，它里面的稻谷壳的痕迹就留下来了，有的封在泥土里面的稻壳或者瘪谷还能留下来。如果房子自然垮了，没有经过火烧，里面的稻谷壳早就烂得没影了。房子被烧对当时的人是灾难，对我们今天考古却是福音。那两个地方的稻谷经过我国著名的农学家丁颖鉴定是栽培稻，而且是粳稻。大家知道，稻谷有两种，一种叫籼稻，一种叫粳稻。籼稻，北京人喜欢说机米，米粒比较长，缺乏黏性。现在长江流域以南多产籼稻，泰国米也是籼稻。那个粳稻呢，北京人喜欢说是大米，其实籼米粳米都是大米，北京人说的大米实际上是粳米，北京的京西稻，天津的小站稻，还有我们现在吃的东北大米，什么盘锦米等都是粳稻。湖北的这两个地方出现的稻谷是粳稻。当时只知道是处在新石器时代的遗存里面，具体年代不知道。那个时候测年的技术还没出来。现在通过碳－14测年，知道那是公元前2000多年的遗存，也就是说离现在有4000多年。这是1954～1955年发现的，在那个时候是一个突破。哎呀，中国4000多年以前就种稻子了，那个时候把它当作一个很重要的发现。但是后来类似的发现非常非常多，在长江流域，比它早的还有的是。

到了1976年，更大的发现出来了，那就是浙江余姚的河姆渡。河姆渡是非常好的一个遗址，对我们考古学者来讲是非常好的遗址。为什么呢，因为它被海水淹了，海泥遮盖了这个遗址，很多有机物就保留下来了。因为海泥里面还含有一点盐分，又跟空气隔绝，然后又在地下一定的深度，冬夏的气候变化对它很少发生作用，是接近恒温的，隔氧的，还有一点盐分，盐分是可以起保护作用的。这样，那里就发现了很多有机质的东西，在别的遗址里面都很少见。比如说它盖房子的木桩、柱子、地板、地龙骨、窗棂等等，有几千根木头，有的还有榫卯，当时没有想到在那么早的遗存里有那么先进的木构件。这个河姆渡遗址的年代，是公元前5000～前4500年，也就是距今7000～6500年这么早，保护这么好。这在建筑史上是一个非常大的突破。第二个就是稻子。它那个房子是一种所谓干栏式的房子，就是地上埋桩，上面铺地板，再上面盖房子。在加工谷物的时候，一些皮壳什么的从地板缝掉到下面去了，堆积成上百平方米的稻谷壳和稻叶之类的。也曾经换算过，如果是新鲜稻谷有多少万斤。这个发现也是在1976年。所以我说北方的一个磁山，南方的一个河姆渡，都是了不起的发现。河姆渡除了发现大量的稻谷，还同时发现了翻地的骨耜，南方叫泥锹，就是专门挖泥的。这个是用牛的肩胛骨做的铲子。第一次发掘就发现70多个，以后又发现很多，成百个。有些陶器上还画了那个画，就是稻子黄了以后低着头，一束一束的。说明稻作农业已经是颇有规模，深刻地影响着人们的生活和思想意识，很多人看了都觉得不可思议。河姆渡人怎么吃大米饭？有专门的陶釜来煮。特别有意思的是，竟然在一个陶釜的底部发现了一块锅巴。那个锅巴。我们很多人都吃过锅巴嘛。这些情况证明当时确实能够把稻子加工成米，把稻壳都去净了，可以做成大米饭来了。

我跟你们讲，我开始研究农业的起源，就是因为这两个地方，一个河北的磁山，一个浙江的河姆渡。这都是 1976 年的事，都是大量的发现。所以以前外边人说，稻作农业是印度起源的，或者东南亚，或者是什么山地，我就不相信了。我想研究研究到底稻作农业是哪里起源的，这是 1976 年的事。

你们想，这么发达的农业当然不是起源时候的样子，起源的时间应该更早。到了 20 世纪 80 年代，在湖南洞庭湖的西边，有一个澧县，那里有一个遗址叫作彭头山。这个遗址里面也发现很多红烧土，里面有稻谷壳。还有一点，它的陶器的胎土里面，也就是做陶器的泥土里面掺了稻壳。经过农学家的鉴定研究，证明是栽培稻而不是野生稻。而彭头山文化，现在我们把它叫彭头山文化了，已经发现几十个遗址，都有这个稻谷。它的年代是公元前 7000～前 5000 年，又比河姆渡早了一两千年。是不是这个就到顶了呢？不一定。

1993 年，我跟美国的一个农学家叫马尼士，我跟他合作在江西万年仙人洞和吊桶环遗址做考古工作。这个马尼士在美洲做过 40 多年的考古，就是他把美洲玉米的起源弄得清清楚楚。最早的玉米，就两三厘米长，经过人工培养越长越大，才成现在这个样子。以后他又在西亚研究过小麦、大麦的起源。所以他有农业起源研究的非常丰富的考古经验。他知道我对中国农业的起源有一些很重要的看法，所以他要跟我合作，当然还有江西省文物考古研究所的各位先生。我们一块到江西万年仙人洞，旁边还有一个洞，叫作吊桶环，两个洞穴，我们挖了半天，非常遗憾，就是没有找到稻谷。因为那个太早了，那是公元前 1 万多年以前的遗址，而且是洞穴遗址，没有找到稻谷。但是找到了稻谷的植物硅酸体，平常我们叫作植硅石。稻子的叶子上面有种特殊形态的硅酸体，这种硅酸体烂不掉，在土壤里面，肉眼是看不见的，一定要在高倍显微镜下才能分辨得出来。水稻的植物硅酸体的形态像扇子，所以叫扇形体，跟别的植物的硅酸体不同，能够很清楚地分辨出来，所以一发现这个东西，肯定是属于稻属植物。据赵志军先生研究，在地层最底下的也就是年代最早的硅酸体是野生稻的，到上面的地层才出现栽培稻硅酸体。这当然是一个很重要的发现，就是说尽管我们没有找到水稻，但是找到了水稻腐烂掉了以后的这种硅酸体。

就在同时，在湖南南部道县的玉蟾岩，也是一个洞穴，湖南省文物考古研究所的所长袁家荣在那里主持发掘，竟然发现了几粒稻子，同时也有稻属植物硅酸体。年代也是公元前1万多年。

后来，跟我们合作的马尼士去世了，非常不幸，江西的工作自然就停了下来。过了不久，美国哈佛大学的另外一位教授，也是多年在西亚研究农业起源的，叫作巴尔·约瑟夫，他又要跟我合作，所以我们俩又跟湖南的袁家荣先生等共同发掘湖南道县玉蟾岩，北京大学参加的还有李水城和吴晓红教授等，我不过是挂一个名。我们的动作也很大，发现的遗物不少，但是也就发现了一粒稻子。不管怎么样，这个玉蟾岩前后发现了五粒稻子，还有几粒层位不大清楚。这几粒稻子呢，有点像野生稻，又有点像栽培稻。这才像刚刚起源时候的东西，年代在公元前1万多年，到了顶了，不能再早了。

把这些情况联系起来，可以看出我们的考古工作也是从后一直往前追，追到了源头。但是如果从农业的发展来看，就应该倒过来。第一个阶段是萌芽期，像玉蟾岩和仙人洞那样的地方，也许刚刚开始栽培，也许还没有栽培只有管理。我想这个时候的稻子，在人的食物的构成里面不会占重要的地位。

第二个阶段是确立期，就是像彭头山文化那样的一个阶段，公元前7000~前5000年。那时已经是有大量的稻谷出来了。

第三个阶段是发展期，相当于屈家岭文化、石家河文化这个阶段，也包括河姆渡。这个阶段农田已经出来了。我这里加一句，旱作农业不一定要把地块整平，因为它不一定要浇水。稻作农业比较麻烦，一定要做成田块，里面要整平，因为要装水，那是水稻嘛。水多了不行，不然把稻秧给淹死了；水少了不行，否则把秧苗旱死了。所以它必须要有田块，周围有田埂，把水装起来。水多了要排掉，水少了要浇灌，这是稻作农业比旱作农业麻烦的地方。在属于彭头山文化的八十垱遗址已经发现有田块的萌芽。稍微晚一点，就有好几个地方发现了田块。例如江苏吴县的草鞋山、湖南澧县的城头山等处都有。最近在河姆渡旁边又有一个遗址，叫作田螺山，现在还在继续发掘。据探测在它的周围发现有大片的稻田，只是确切的年代还没有测出来。

第四个阶段是扩展期，扩展到哪里去？三个方向，东北、东南和西南。东北最后传到了朝鲜和日本。现在朝鲜半岛和日本的农业还是以种植水稻为主。关键是怎么传过去的，什么时候传过去的。根据稻作农业出现的早晚可以清楚地画出一条路线，那就是从长江流域到华北，到山东半岛，通过长岛到辽东半岛，过鸭绿江到朝鲜半岛，再到日本的九州，从九州到日本的本州，这条路线非常清楚。但是在学术界有不同看法，特别在日本的学术界是如此。日本我去过十几次了，差不多大部分是因为要讲稻作农业的起源、发展和传播的问题，跟日本一些学者讨论。刚才我讲的那个渡部忠世先生，他是主张山地起源说的，在那么多考古发现面前，日本学者现在大都认为是长江起源了。但是有个传播路线的问题，怎么传播啊，大部分日本学者主张从长江口过去，因为这是最近的一条路，也最接近稻作农业起源的中心。还有所谓南线说，就是从华南通过台湾、琉球群岛到日本的九州和本州，这一说与事实相差太远，已经没有多少人相信了。我提出来的路线他们觉得有道理，但是说不一定要通过辽东半岛，可不可以从山东半岛渡海到朝鲜半岛或直接到日本。我说我之所以提出那么一条路线，首先是根据稻作农业最早出现的年代来排比的。山东半岛的一些遗址是我亲自主持发掘的，在栖霞县的杨家圈的红烧土中发现了稻谷遗存，属于龙山文化，大约是公元前2000多年。在辽东半岛的大连，也发现陶罐里有稻子，是公元前1000多年，朝鲜半岛跟日本九州都没有超过公元前1000年的稻谷。这条路线很顺嘛，避免了海上的大风大浪。后来日本的遣唐使，或者中国派到日本去的人物，基本上也走的是这条路。因为这都是在陆路或者岸边上走，比较方便。从山东半岛到辽东半岛中间有一个长岛，过去叫庙岛群岛。我们北京大学的考古队在那里也做过考古工作。在辽东半岛可以发现山东半岛的东西，山东半岛没有辽东半岛的东西，这就是说当时文化传播的路线是从南往北而不是相反。辽东半岛跟鸭绿江口，有很多文化遗物相像，可是鸭绿江口的文化跟山东半岛的很不相同。从鸭绿江口到朝鲜半岛，也是一个跟一个相像。但是把朝鲜的跟辽东半岛比又不像了。根据这种情况，我提出一个叫接力棒式的传播路线。为什么要采取接力棒的方式？因为农业不是某种器物，器物可以传很远，直接或间接都可以。稻作农业它是一个文化，不是大米，不是稻谷。农业文化需要有农业知识，要知道怎么样育种，怎么样栽培，怎么样管理和收割，怎么样加工，有一系列的问题。这是个文化，这种文化不可能直接传到一个自己根本不知道的人群那里。你比如说当时在长江口的人即使有驾驭海船的能力，怎么会想到茫茫大海的东边有一个日本？就说有那么几个人因为风浪漂流到了日本，已经是九死一生，哪里还有能力传播农业那一套技术？再说语言又不通，日本的原住民会觉得那是哪来的怪物，不把他打死就算侥幸，怎么能让他来传授稻作农业呢。这个接力棒就好办，我跟你是邻居，我怎么种的稻谷，种稻谷有什么好处你都知道嘛，那就一站一站地传过去。这是最有可能的一种方式。

第二条路线是东南，首先扩展到华南，从华南传播到东南亚，有些问题还不大清楚，我就不详细讲了。

第三条路线是西南，从四川到云南。有些农学家说云南是起源地，恰恰相反，稻作农业是从长江传播到云南的。当然到了云南还可以接着传到缅甸等地，这部分现在也还缺乏研究。

在中国的这两种农业，到公元前四五千年这个阶段便已经形成南北两个农业体系了。我讲的农业体系不是单讲某种作物，还有相关的一些方面。北方就是以种植两种小米为主，还种植大豆和少量的水稻，后来又从西方引进了小麦、大麦，还有桑、麻等经济作物。现在中国北方主要种麦，在史前和先秦时期主要种粟和黍两种小米。大家可能读过《诗经》，里面就有很多地方讲黍、稷，黍就是现在的黍；稷，有人说是另外一种黍，有人说就是粟。《诗经》里面也有别的作物的名称，但是不占主要的地位。直到汉代以后，小麦才在中国的北方大量繁殖起来。

农业体系不但包括不同的作物，还包括家畜，华北的农业体系就是以猪为主的家畜，稍晚有牛和羊。作为体系还包括耕作制度、农业工具等，这样总体构成一个农业体系。所以我们就提出来在黄河流域，或者说是中国的北方地区出现了一个以种植粟和黍为主要农作物的旱地农业体系。在中国的南方，也就是长江流域呢，差不多同时也形成了以稻作农业为主的一个农业体系。这个农业体系的家畜也是以猪为主，但是同时有水牛，当然耕作制度和农业工具等也不大一样。这两个农业体系的形成对中国来讲极为重要。为什么？它们不像西亚的小麦、大麦，都种在一块，我们完全是两块地方。两块地方又紧挨着，北方歉收了，旱地农业歉收了，可以有南方的水田农业作补充，水田农业歉收了旱地农业可以作补充。而且它们这两个农业体系涵盖的地方非常大，你们翻一下地图就知道了。比两河流域的伊拉克不知道要大多少倍，比埃及的尼罗河流域也大好多倍，比古印度那块地方也大好多倍。一个是地盘大，一个是两种农业相互补充，这样会起什么作用呢？地盘大就有一个宽广的基础，而中国周围都还是采集狩猎经济，没有强势的文化，这个核心地区就稳稳当当。西方的那个农业体系发展出来的几个文明中心，尽管发展到了很高的水平，因为地盘小，经济单一，就比较脆弱。一遇到外族入侵，很容易就把它打垮了。所以不管是两河流域的文明也好，古埃及文明或古印度文明也好，都中断了，没有继续发展下来。现在的埃及人不是古埃及人的后裔，现在的印度人也不是古印度人的后裔，两河流域也一样。只有中国的古文明没有中断，这是中国文明的一大特点。我们现在看甲骨文，即使没有学过，只要有人稍微指点一下，就可以认识若干字，可以按照现在汉字的发音来读，念给你听的时候，你会大体知道它是什么意思。如果是古埃及文或者两河流域的楔形文字就完全不行，要想别的办法，还不一定很准确。这是中华文明的一大特色，这个特色的形成就与她所在的环境，和在这种环境下产生的有广大基础的两个农业体系有关。这两个体系像双子星座似的，拧在一起，有非常大的能量。

最后我要强调的是，农业起源是个大问题，我们现在还在研究，以后也要继续研究。现在仍有很多问题，还有很多地方不大清楚。

第一个是新石器时代早期的遗存至今发现很少，北方更少，你要把农业的起源，把最初的根弄清楚，这一部分工作还得做。你想一想，我挖仙人洞挖了半天，一个稻子都没找到，找到个硅酸体，玉蟾岩也只发现几粒稻子。这都是世界顶尖的农业考古学家跟我们合作做的，不容易啊。可见要把农业起源问题真正说清楚，还有很多工作要做。

第二个是从事考古发掘的人员，很多缺乏农业知识，有很多的农业遗存不认识，把它当作一般土扔掉了。这是一个大问题，所以在考古工作中，要大力推广农业考古的知识。现在全国基本建设的规模非常大，涉及许多考古遗址，到处都像抢救似的发掘，工作粗糙得很，大量信息都给丢掉了，非常可惜。所以我一再呼吁，重要的考古遗址要坚决保护，跟基本建设相关的考古工作，也要仔细做，否则这个损失没法弥补。

第三个是我们对农具的研究不够，常常是根据形状说话，看遗物像现在的铲子，就说是铲子，像现在的镰刀就说是镰刀。实际上农具的研究，应该根据它的使用痕迹来做实验研究。比如说镰刀，割过谷物的，谷物里面有硅酸体，在镰刀上就会留下硅质光泽，可以判定它是割了谷物，还是没割谷物。又比如石铲，一般都认为是翻地的农具，其实并不尽然。铲子当然是可以翻地，不是也可以挖坑、挖沟、挖别的东西嘛，一定是翻地的吗？那么翻地有什么特点，什么时候开始翻地，需要研究。翻过的地跟没翻过的地，在土壤的结构上是不一样的。这个工作，我们也没怎么做。

还有一个就是有些农学家对野生祖本的研究不够，比如说稻属植物一共有20种，只有一种野生稻，叫作普通野生稻，是栽培稻的野生祖本。但是对这个普通野生稻的研究非常不够。我们知道栽培稻有粳稻、籼稻两大类。过去的农学家认为粳稻是籼稻变来的，只有周拾禄先生持不同观点。现在的研究认为野生稻就分粳性和籼性，还有偏粳和偏籼的，现在又引进了基因的研究，DNA的研究，越来越深入。考古发现的栽培稻就有一点麻烦，基因一般都保留不了。只有像河姆渡那种特殊的情况下才可能保留，那里有些稻谷挖出来好像新鲜的样子，这种情况极少见到。以后找到这样的遗址的时候，要加以保护，否则这一项研究就无法进行。

以上只是粗略地反映了我们现在的研究成果，还有许多需要继续努力的方面，但是基本的轮廓已经画出来了。中国的农业，从它的起源起，就已经在世界上占有重要的地位。现在中国的农业，仍然在全世界占有极为重要的地位。很有意思的是，现在我们的"水稻之父"袁隆平，也是在农业起源地湖南成长起来的著名农学家，他把水稻的研究推进到了一个高峰，为千百万人民造福！

（2008 年 4 月 5 日在国家图书馆文津讲座上的演讲）

农业发生与文明起源（提纲）

一　农业发生与文明起源的关系

农业的起源问题不仅关系到整个新石器时代文化的起源与发展，进而也关系到文明的起源与发展，是所谓新石器时代革命的主要内容。从世界范围来看，农业的发生起初仅仅限于几个狭小的地区，其面积大约仅占五大洲的 1%～2%，然而它对人类历史的影响却是革命性的、全局性的和划时代的，对于后来文明的起源也有巨大的影响。

世界最重要的农业起源中心只有三个。一是地中海东岸的新月形地带，那里是小麦和大麦的起源地，也是最早驯养绵羊和山羊的地方；二是中国的黄河流域和长江流域，是小米（粟和黍）和大米（水稻）的起源地，也是最早驯养猪、可能还包括水牛的地方；三是中美洲，是玉米的起源地，基本上属于无畜农业。那里除骆马外，没有驯养过一种对人类生活发生重大影响的家畜。与其他两个单一的起源中心不同的是，中国实际上包含有两个相互联系的起源中心。一个是黄河流域的粟作农业起源中心，一个是长江流域的稻作农业起源中心。两个中心逐步发展为两个紧密相连的农业体系，它们互相补充，互有影响，形成一个更大的复合的经济体系，进而为中国古代文明的孕育和发展奠定了坚实的基础。

二　中国史前农业的发生

农学家很早就提出中国北部或黄河流域应当是粟的驯化中心，但没有实际的证据。20 世纪 50 年代在西安半坡仰韶文化的窖穴和陶罐中发现了粟的朽壳，才知道中国史前时期确实是种粟的。70 年代在河北武安磁山遗址中发现了成百座粮食窖穴，其中不少保留有粟的朽灰，从而把种粟的历史提早到了公元前 6000 年以前。不但如此，鉴于那里储粮窖穴甚多，出土农具已然成熟配套，已经越过了农业起源的初始阶段，可见当地的农业还可以追溯到更早的年代，只是现在还没有找到确实的证据。此后在 80 ~ 90 年代，在西起甘肃，东至辽宁的整个华北地区，包括黄河流域与辽河流域，都发现了公元前 7000 ~ 前 5000 年的粟和黍的遗存，有的地方虽然没有发现谷物遗存，却发现有相应的农具。说明在这一广大地区，粟、黍已经成为主要的粮食作物。为什么在黄河流域最先栽培粟和黍一类旱地作物？因为黄河流域的气候和土壤的特点最适合于粟和黍的生长习性，还因为黄河流域有着漫长的冬季，天然食物相对匮乏。在史前文化发展到一定阶段，人口增加和相对集中之时，这一矛盾会变得突出起来。解决的办法自然是增加食物的储藏，最便于储藏的食物当然是谷物，而天然的谷物有限，想要增加产量只有实行人工种植。黄河流域现成的野生谷物就是狗尾草和野生黍，直到近代，遇到大饥荒的年代还有人采食它们的籽实，新石器时代的人们在食物不足时自然也会采食。在这里培育粟和黍，并且逐渐发展为以种植粟和黍为主要内容的旱地农业体系，就是很自然的事了。

农学家关于稻作农业起源地的推测意见比较分歧，有印度说、东南亚说和中国南部说等。20 世纪 70 年代以来，从印度阿萨姆到中国云南的山地起源说颇占势力。不过所有这些说法都缺乏考古学的证据，甚至明显地同考古学的证据相抵触。50 年代以来，中国、印度、越南、泰国和印度尼西亚等地陆续发现了史前时期的栽培稻遗存，其中以中国长江流域发现得最多，年代也最早。从 70 年代末浙江河姆渡发现距今 7000 ~ 6500 年丰富的史前稻作遗存以来，人们就特别注意到稻作农业在长江流域起源的可能性。以后随着史前栽培稻遗存的不断发现，稻作农业的长江流域起源说得到普遍的认同。中国其他地区以及东北亚的稻作农业最初都是由长江流域直接或间接传播过去的。由于印度和东南亚的稻作农业起源较晚，那里接受长江流域的影响应该比其影响长江流域的可能性要大。据此可以断定长江流域不但是稻作农业最早的起源地，往后也是稻作农业最发达和对周围影响最大的地区。然而华南、东南亚和印度的普通野生稻远比长江流域为多，为什么长江流域反而最早栽培水稻，并且很快发展为最重要的稻作农业区呢？学术界提出了一个稻作农业起源的边缘理论或称为边缘起源论，其道理同黄河流域旱地农业的起源是相通的。

三　中国文明起源的探索

由于20世纪70年代末期以来的一系列考古发现的驱动，学术界越来越多的人关注中国文明起源的问题。过去关于原始社会晚期发展的理论，总是按照母系—父系两阶段来安排，而父系晚期又经历一个军事民主主义的过渡时期，也就是氏族制度解体的时期，然后进入第一个阶级社会即奴隶社会。但母系—父系说并不完全符合历史发展的实际情况，在考古学资料中也难以找到确切的证据。中国历史文献中有许多资料证明进入阶级社会以后的一个相当长的时期内，仍然保留有氏族—宗族制，并没有彻底解体，只是以新的形式出现而已。至于中国的第一个阶级社会是不是应该称为奴隶社会，也还有商榷的余地。我们不能用纯逻辑的推理来建构具体的历史框架，只能根据历史的实际情况来研究历史。根据聚落形态的演变来研究中国文明的起源看来是一条比较可行的途径。

四　中国文明起源的历程

在公元前4000年以前的新石器时代聚落与墓地中，人们看到的是相对平等的社会，生产出来的是人人都可以享用的一般性物品。到公元前4000～前3500年，在一些主要的考古学文化中，已经可以清楚地看到个别聚落开始从其余聚落中分化出来而成为中心聚落。在中心聚落内部也开始出现人数不多的贵族阶层，跟着就出现了一些专供贵族享用的高档化的手工艺品，从而迈开了走向文明的第一步。公元前3500～前2600年是一个非常值得注意的时期。在以黄河流域和长江流域为主体的广大地区内，许多考古学文化都出现了中心聚落、次中心聚落和一般聚落的金字塔式的架构，不少中心聚落或次中心聚落筑起了防御性的城墙。武器普遍改进，战争越来越频繁和激烈化。从墓地中反映贵族与平民的分化更为明显也更为普遍了；宗教上升到十分重要的地位，并且为贵族所把持。社会物资生产有了显著的发展，铜器、玉器、漆器、丝绸和象牙雕刻等都有了初步的发展。一些考古学文化中出现了很像文字的符号系统。凡此等等，说明这一时期已经有许多地区全面地向文明社会迈进，文明化程度越来越高了。文明化进程的第三阶段约当公元前 2600～前 2000 年。前一时期在黄河流域与长江流域为主体的广阔地域内那种群星灿烂的局面为之一变，许多地区走向低谷而黄河流域则更加迅速发展起来。这一带全局性变化的原因可能是多方面的，各地的具体情况也不相同，但总体来说应该是人文的因素大于自然的因素。不管怎样，这一变化是实际存在的，它是走向以中原为中心的多元一体格局的关键性步骤。往后的发展便是夏的勃兴和夏与东夷的斗争。等到少康中兴，中原的中心地位才逐渐突出起来，从而出现了夏商周三代的灿烂文明。

五　中国文明起源的模式

前面的论述可以证明，中国古代文明的起源有一个十分深广的基础，其起步不晚于公元前 4000 年，其领域包括了两种农业体系所涵盖的广大空间，即以黄河流域和长江流域为主体的广大地区。在这么广大的范围内，各地的文化有很大的差别，走向文明的道路也不尽相同，据此可以认为中国文明起源是多元而非一元的。不过各地的文化发展是不平衡的。当中原地区广泛吸收各地的优秀文化因素而迅速发展到前列时，周围地区则经历一个短暂的低谷以后才逐渐发展起来，并且通过与中原地区的交往而逐渐华夏化，以至于先后融入商周文明的体系之中。与此同时又把更外围的文化逐渐带到文明化的轨道上来。这样一种由多元一体到多元一统格局的形成，乃是中国文明起源和早期发展的基本模式，也是中国古代文明的重要特征。中国古代文明之所以具有强大凝聚力和自我更新能力，经历多次政治大变动而能够连续发展下来，成为世界上唯一没有中断的文明，固然有多方面的原因，而根本的原因盖在于此。

（2001 年 5 月 29 日中央电视台"百家讲坛"）

河姆渡与田螺山

　　1976年，浙江省文物考古研究所首次发掘余姚河姆渡遗址，发现成排木桩组成的所谓干栏式建筑和以10万斤计的稻谷遗存。碳–14测定年代早达公元前5000～前4000年。那么早的年代有那么发达的农业文化，在学术界引起了很大震动，从而引起了探索稻作农业起源的讨论和一系列新的更早的农业遗存的发现与研究。但作为一个颇具规模的干栏式建筑聚落的学术意义却很少讨论。所谓干栏式建筑，就是在我国南方和东南亚如今还很流行的高脚屋。就是在地面栽桩柱，上面铺地板，再在上面盖房子。地下可以养猪羊或存放杂物。人居住在地板上的房间里。是适应于炎热而潮湿环境的一种建筑形式。河姆渡是在我国史前文化中首次发现大规模高脚屋的遗址。

　　2001年年底，村民在河姆渡东北约7千米的田螺山打井，发现井下有类似河姆渡文化的遗存，随即报告文物部门。浙江省文物考古研究所遂于2004年2～7月进行了首次发掘，以后又于2006年9月～2007年1月、2007年3～7月和2008年3～6月进行了三次发掘。四次发掘共揭露面积1000平方米。发现了比河姆渡遗址更高规格的聚落遗址。鉴于遗址的特殊重要意义，余姚市政府遂于2005年7月拨款1000万元建设一座高规格的保护棚。在棚内可以避开日晒雨淋，比较从容地继续进行发掘，也可以供群众参观。遗址所在的田螺山不过是一个两三米高的小土堆，样子像一个田螺，出土的明清时期的石碑上即刻着"吉地择螺山，定当克昌厥后"的文字。田螺山处在一个面积约3万平方米的小盆地的中央。目前盆地内都是稻田，周围是低矮的小山。整个环境就像是一个绿色的聚宝盆。遗址发掘分东西两区，东区保存不大好，主要的发现在西区。该区在现代水田下有厚约 2 米的淤积层，下面有一薄层沙土，其中包含有大量磨损的碎陶片，是被冲刷的二次堆积。说明在距今约 6000 年的河姆渡文化中期有一次环境变化。

在东边探方 5 层下出露了加工规整且排列整齐的方木桩（图一），在 6 层下即可找到柱坑的开口。其排列大致可分为两个以上的排房。东北的一个比较完整，长 20 米，南北方向有五六排。西侧一排保存最好，有 8 根方木，均为柏木，柱间 2.5 米。西北的转角木柱最粗大。其北边有一大堆多种动物的骨骼，当是居住时食剩的残渣。

图一　大方柱等出土情形

不同于河姆渡打桩栽柱，田螺山是挖坑栽柱。6 层下这组建筑相当于河姆渡文化二期偏早、一期偏晚，距今约 6500 年。其南部可能是聚落的中心所在，有特别粗大的方木柱，见方 40 厘米。并且用多层木板垫底（图二、三）。良渚古城东部的庙前遗址发现有两座房屋也是用见方 40 厘米大木柱并用多层木板垫底。田螺山比庙前要早一千多年，就有那么高水平的木构建筑，实在令人惊叹。这么大的树木是怎样采伐的，又是怎样加工的呢？不仅如此，房屋上的装饰也特别讲究，有的栏板上刻划行走状的猪（图四），有的构件似连体双鸟（图五），可惜都难以复原。

图二 木柱下的垫板

图三 独木梯

图四 刻划猪纹的栏板

图五　连体双鸟纹的正面和背面

　　由于发掘面积有限，田螺山整个聚落的面貌尚不清楚，仅在可能是中心区的西边发现有 20 多米长的两排木桩，有圆桩也有板桩，可能是聚落的一段寨墙。其西边有一条小河沟，出土多件木桨，上面有整木搭建的小桥。

　　田螺山发现有不少墓葬。成年人实行二次葬，没有墓坑，也没有随葬品。小孩实行瓮棺葬。从这里看不出人们的身份有什么差别，看不出有任何社会的分化。但田螺山那样高规格的建筑，从树木采伐到材料加工，以致最终建成，仅靠自己的力量是难以完成的。应该有相邻聚落居民的帮助。

　　河姆渡和田螺山时代相同，距离相近，应该有密切的关系。二者各有特色，一个是在淤泥上打桩搭建长条形的高脚屋，一个是在平地上挖坑栽柱建高脚屋。河姆渡虽然发现了大量稻谷遗存，但没有发现稻田。田螺山周围则发现了与聚落年代相一致的两期古稻田，面积达数十亩之多，说明有比河姆渡更加稳定的收获。作为聚落，田螺山的规格显然远高于河姆渡。这不仅表现在房屋建筑上，也表现于出土遗物的档次上。这里有高 92 厘米的双耳小口瓷（图六），有上面刻划三猪二鹿相向行走的黑陶盉等（图七、八）。有精细加工的玉璜、玉玦和骨笄等。更有比河姆渡同类器大气得多的髹漆木鼓。如此看来，田螺山应该是整个河姆渡文化的中心。这个中心聚落与文明起源时期的中心聚落有所不同。这是一种什么社会也是很值得研究的。

　　河姆渡文化主要分布在宁绍平原，至今发现的遗址不多，且都很小。2019～2020 年省文物考古研究所在田螺山附近发掘的井头山遗址，年代比河姆渡文化早，是一个贝丘遗址，也出土陶器和木器，却看不出跟河姆渡文化有明确的传承关系。河姆渡文化之后，在宁绍平原似乎经历了文化上的断档，被马家浜—崧泽文化取代了。而以水稻田为代表的稻作农业却是

图六　陶双耳小口瓮

图七　出土陶钵

连续不断地发展的。

　　浙江的史前文化像穿梭一样，一个接着一个，一个取代一个。上山文化跟当地旧石器时代文化看不出有什么传承关系，上山之后的跨湖桥文化，跨湖桥文化之后的河姆渡文化，河姆渡文化与年代相近的马家浜文化，都好像是各自为政，看不出明显的联系或传承关系。只有马家浜—崧泽—良

图八　刻划三猪二鹿陶盉

渚，才可看出前后传承。到钱山漾、广富林，虽是前后相继，文化上也看不出明确的传承关系。直到吴越时期，苏杭太湖地区才成为稳定的文化中心，其他地区就边缘化了。这跟地理环境和华夏文明的整体格局或许有相当的关系。

中国铜石并用时代考古新发现的初步思考

今天能够同各位关心中国考古学发展的日本朋友见面，向大家讨教，感到非常高兴。我讲的题目是"中国铜石并用时代考古新发现的初步思考"，这个题目需要解释一下。以往在有关中国史前考古的著作中，只有旧石器时代和新石器时代的称谓而很少提到铜石并用时代这个概念。鉴于在龙山文化和与它同一时代的考古学文化中不时发现一些小件铜器，所以我在十年前发表《龙山文化和龙山时代》一文时，首次提出龙山时代应该属于铜石并用时代。1984年我又发表了一篇《论中国的铜石并用时代》，进一步把仰韶文化后期和同一时代的考古学文化定为铜石并用时代早期，而龙山时代则属于铜石并用时代晚期。现在这种观点已被越来越多的学者所接受。因此我这里讲的中国铜石并用时代即是指大约在公元前3500～前2000年的一段时期，即大致相当于仰韶文化后期和龙山文化的一段时期，分布于黄河中下游、长江中下游、海河流域和辽河流域的诸考古学文化所代表的一个时代。最近一些年，在这个时代的诸考古学文化中有一些重要的新发现，引起了中国考古学界的普遍关注和深深的思考。思考的中心问题便是中国文明的起源问题，包括什么是文明时代？龙山时代是文明时代吗？中国古代文明到底是什么时候起源的？除了中原以外还有没有别的起源中心？换句话说，中国文明的起源是单中心还是多中心？是一元还是多元？中国古代文明具有什么样的特点？为了把中国文明起源的研究切实推进一步，当前和今后一个时期考古工作应该注意哪些问题？需要做什么样的改进？凡此等等，现在都是中国考古学界谈论的热门话题。

为了把问题说清楚，我想先把近年的考古新发现做一简单的介绍。

　　让我们先从北方讲起。大家知道在内蒙古东南部和辽宁西部分布着一个红山文化。这个文化是因为内蒙古赤峰市红山遗址的发现而得名的。20世纪30年代日本学者滨田耕作等曾经在那里进行了发掘，发现了一个新石器时代文化和一个青铜时代文化，并且出版了很大一本发掘报告《赤峰红山后》。报告中把这两个文化分别命名为赤峰第一期文化和赤峰第二期文化。后来我们把赤峰第一期文化改称为红山文化。这个文化虽然发现得很早，却在很长时期没有发现重要的居住遗迹或墓葬。因而对它的基本面貌和发展水平都不大清楚。这种情况直到70年代末才开始改变。1979年在辽宁省喀左县东山嘴发现了一处重要的祭祀遗址，引起了学术界的注意。接着在1981年又开始发掘凌源和建屏两县交界处的牛河梁遗址，更是引起了巨大的反响。那里发现的遗址包括大型祭坛、一座被称为"女神庙"的遗迹和许多积石冢。那祭坛为方形，每边长超过100米，周围用石头护坡，像是供许多人举行祭典的场所。"女神庙"中有许多泥塑人像，小的同真人一般大，大的则比真人大两三倍。积石冢的规模也很大，一般是十七八米见方，用加工的石块镶边，中间挖一个很深的墓穴，并用较大的石板砌成椁室，墓主人即埋在椁室内，并随葬若干玉器。椁室填满后，上面堆放许多石块形成石冢。墓冢上及其南边还往往有一些小型石椁墓，其中有的也随葬玉器。死者应当是身份较低而与大墓主人有密切关系者。这些发现使我们大致了解到红山文化后期已经有明显的贫富分化和社会地位的分化，出现了与原始共产制所不相容的对立的社会力量。

　　在中国西北的甘肃地区，秦安县大地湾仰韶文化后期遗址的发掘也是十分引人注目的。那遗址在一个面向北边的山坡上。从生活条件看似乎是不相宜的，但从军事防御上看则是合理的。那个遗址有110万平方米，从暴露的遗迹现象看至少有几百座房址。其中最大的901号房址面积达290平方米，有前堂、后室和东西两厢。地面和墙壁用一种类似水泥的材料筑成，十分坚固。房屋中间有一个直径达2.5米的火塘，那应该是点燃圣火的地方。房前还有两排柱子洞和一排石板，用途不详但气魄很大。这个遗址的规模远远超出同时期的其他遗址，901号房子的规模和建筑质量也远远超出同时期的其他房屋。应是中心聚落内的中心建筑。或可称为原始殿堂。它的出现，当是社会分化的一种表现。

在上述两个地点之间的内蒙古中南部，相当于仰韶文化后期到龙山文化前期的一段时间内，发现有许多石头围墙或称之为城堡，还有许多石砌房屋或祭坛，有的地方还有大量窑洞式房屋，洞内用白灰抹平地面和墙壁，显得十分讲究。

这几处发现之所以引人注意，一是年代较早，大抵在公元前 3500 ~ 前 3000 年之间，至少是公元前 3000 年前后，比一般认为是早期王朝的夏代要早得多。二是在地理上都离中原甚远，过去以为是文化发展的边缘地带，而实际上的文化发展水平并不比中原低，这就给中原中心论一个很大的冲击。

南方的情况也是如此。我这里所说的南方主要是指长江流域，是中原的南方。大家知道在长江下游的太湖流域有一个良渚文化，它也是在 20 世纪 30 年代就被发现了的。因为有很多黑陶，曾经被称为黑陶文化，又因为那些黑陶像龙山文化的黑陶，所以又被划归龙山文化，名之曰龙山文化的杭州湾区。后来我们觉得它的文化有许多自己的特点，它的起源也明显不同于龙山文化，所以就改以首先发现的典型遗址浙江余杭良渚镇命名，称之为良渚文化。

长期以来，在良渚文化的遗存中没有特别引人注目的发现。直到 20 世纪 80 年代中期，在良渚镇附近的反山和瑶山相继发现了贵族墓地和祭坛，特别是在贵族墓葬中发现了成千件精美的玉器，其种类之复杂和工艺之精湛，今天的玉器工匠看了也会为之折服，从而再一次在学术界引起了轰动。人们在赞叹之余不禁进一步思考，既然当时遗迹存在脱离一般人群的贵族集团，他们能够聚敛大量的财富，包括玉器、漆器等，可能还有丝绸。他们还能够把持重大的宗教仪典，这从祭坛上只埋葬贵族而没有平民墓葬就可以看出。贵族们还能够驱使大量的劳力为自己建造坟地，单是反山就用人工堆筑了两万立方米泥土。那么这些贵族居住的地方一定更有气派，工程规模一定更加浩大。

1987 年，由于扩建公路，在反山东南的大观山果园南边发现了大量被火烧过的土坯，说明那里应该有重要的房屋建筑。浙江省文物考古研究所的同行对此十分重视，随即报告了国家文物局。国家文物局委托我去处理这件事。我注意到那被烧过的土坯秩序凌乱，但有层次，似乎被有意平整和夯筑过，可见是把烧毁的土坯房清理的废料垫地，甚至筑墙。我沿边走看到近 160 米长，宽度不详。每个夯层的厚度约 20 厘米，整个夯层厚约 2 米。我们知道中国发明用土坯盖房最早也就是在良渚文化这个时候，这意味着当时用了最先进的方法在莫角山上盖起了高等级的建筑。只是由于还没有进行正式的发掘，一时还不知道具体结构和规模。省考古所的牟永抗和王明达带我绕大观山果园所在的莫角山转了一圈。才知道那是一个长方形的土台子。东西长约 700 米，南北宽约 450 米，面积约 30 万平方米。我想自然条件不大可能形成如此规整的土台子，但在当时的条件下，完全由人工筑成如此巨大的土台也是难以想象的。很可能是利用自然土岗加以修平补齐才形成现在这个样子。这土台子上面还有三个小土台子，上面发现有红烧土，推测也是有建筑的。

莫角山周围方圆几平方千米范围内有大约三四十处遗址，今年发现的汇观山遗址即是与瑶山十分相似的一处祭坛加贵族墓地。可见莫角山应该是良渚遗址群的中心。而整个良渚文化分布在江苏南部和浙江北部的整个太湖流域，在这么大的范围内似乎有几个中心，良渚镇附近的遗址群则是最大的一个中心。各地出土的良渚文化玉器和陶器等器物，在类别、形制和纹饰等方面都有很大的一致性，这种情况同原始社会部落之间相对独立并各有特点的情况是不大相同的。有的学者认为良渚文化时期已经出现了社会的分化，产生了最初的城邦国家，并不是没有道理的。

在长江中游，最值得注意的是湖北天门石家河遗址的发掘。那里也有一个中心遗址群。早在 20 世纪 50 年代就因为配合修筑水渠进行过初步的发掘。从 1987 年起，北京大学考古学系、湖北省文物考古研究所和荆州地区博物馆合作连续多年进行了大规模的考古发掘和调查。早稻田大学派往北京大学考古系的两名留学生内田恂子和小泽正人都参加过发掘实习。在座的稻田耕一郎先生也去看过。现在已经初步查明，那里有一座从屈家岭文化晚期到石家河文化早期的城址，而且规模相当大，南北有 1000 多米，东西也将近 1000 米，大致呈长方形，城垣外还有护城河。

这城的中心部分是谭家岭遗址。试掘了几个地点全都碰到了房屋基址，说明那里应该是主要的居住区或"政治中心"。西北部的邓家湾发现了许多塔形陶器，估计是宗教性用品，旁边还出土了几千件陶塑人像和各种动物像，包括猪、狗、羊、象、猴、鸡、长尾鸟、鱼和龟鳖等。西南部的三房湾发现有大量红陶杯，保守估计也有几十万个。这些杯子极为粗糙，容积很小，完全不像是实用器，可能也是宗教仪式用品。说明当时可能有一种持续进行的大规模宗教活动。除石家河外，湖北的江汉平原和湖南的洞庭湖平原还发现了不少较小的城址，包括石首的走马岭、江陵的阴湘城、澧县的城头山和南岳等等。据说荆门市也有同样的城址。这时候的社会显然已经有明显的分化，战争成为严重的社会问题，否则就不会花那么大的力量去筑造城池了。

在长江上游的四川盆地，曾经发现了广汉三星堆青铜文化，年代相当于中原的商文化，发展水平也不低于商文化，但具有自己鲜明的特色。而更早的三星堆一期文化属龙山时代，也是很值得注意的。

从上面的情况来看，长江流域史前文化的发展水平也不比中原地区低。

至于与中原地区同属黄河流域的山东地区，本来是东夷的老家而不是华夏的发源地，所以在中国文明起源问题的研究中往往另眼看待。不过山东史前文化比较发达是很多人都知道的事实，最近又有一些重要的发现。首先要指出的是城子崖龙山文化城址的发现。城子崖是龙山文化中首先发现的典型遗址，1930～1931年发掘时即发现了一个城墙的基址，当时判断属龙山文化，后来一些学者觉得那么早不应该有城，可能是属于遗址的上层文化即周代的。最近的发掘表明那里存在着龙山、岳石和西周三个时代的城址，20世纪30年代初发现的城址应该属于岳石文化，年代相当于夏代。而龙山文化的城址则是一个新发现。这个城大体呈方形，每边长约400多米，城内面积约20万平方米。出土的陶器制作精美，我们推测这个城可能是某个小邦国的都邑。在此之前，在山东临朐西朱封发现过3座龙山文化的大墓，墓坑平面有26～27平方米，葬具有两椁一棺，还有脚箱和边箱。中国古代棺椁的重数是表示死者身份等级的，西朱封的发现说明龙山文化时期已经有初步的等级制度。

以上的考古发现表明，在中国的铜石并用时代，即大约在公元前3500～前2000年之际，在中原周围的许多文化区都已经有相当程度的发展，社会已经出现了明显的分化，有的地方可能出现了国家的雏形。而这些变化却发生在夏王朝以前和以外的地区！

可不可以只是根据这些重要的发现就断定当时中原地区的文化反而比周围落后呢？我认为不可以。近些年中原地区的考古工作做得比较少，没有在大型遗址上下功夫。中原也发现了不少龙山文化时期的城址，尽管规模都不大，其中有的还很讲究，例如河南淮阳平粮台的正门就设有门卫房和地下陶水管道。在山西南部的陶寺遗址有城墙，还有一个很大的墓地。已经发掘了1000多座，其中百分之八九十是小墓，没有任何葬具和随葬品。为数不多的几座大墓则有成百件高级的随葬品，包括有石质的特磬，用鳄鱼皮蒙的鼍鼓和绘有龙纹的陶盆，还有许多木制器皿，表明墓主人的身份不同一般。陶寺墓葬曾被划分为早中晚三期，大墓都属于早期，年代接近于公元前3000年。如果发现晚期的大墓，规模肯定会更大也更讲究。况且根据我们多年考古的经验，河南地区的文化水平绝不会比山西低，更说明中原地区的文化绝不会比周围低。在铜石并用时代也应该走到了文明的门槛，甚至进入了初级的文明。

上述各种新近的考古发现，有些是预料中的，有些则超出了我们的想象。不管是哪一种情况，都大大加深了我们对中国铜石并用时代社会性质的认识，引发我们进行更深入的思考。

首先想到的一个问题是，中国铜石并用时代的社会到底发展到了一个什么阶段？现在中国考古学界讨论文明起源问题非常热烈，有的人认为大汶口文化时期便已进入文明时代，有的人则举牛河梁遗址为例，认为那时已进入原始文明时期，有的认为良渚文化已经是早期文明社会，有的说龙山时代已属早期青铜时代，且已进入文明时代。不少学者认为真正的文明时代还是应该从夏代算起，最能代表这个时期的考古学文化就是二里头文化。

我个人认为，这个问题现在还不到下结论的时候，各种观点尽可以自由讨论，在讨论中寻求解决问题的方法，并且身体力行地去做。我认为文明起源有一个过程，铜石并用时代早期至少是已经迈开了走向文明的步伐，到晚期既已普遍出现城址，很可能是早期城邦国家出现的标志，而夏代则已出现了比较成熟的文明。

在中国古代文献中往往把夏代以前的一个时代称为五帝时代。五帝中为首的就是黄帝。中国人往往把他描述为一个划时代的英雄，是许多事物的发明者和典章制度的奠立者，甚至在血统上也成了中华民族的共同祖先，我们这些人便都成了黄帝的子孙。按照《史记·五帝本纪》的说法，黄帝以后是颛顼、帝喾，他们好像代表一个时期，以后的尧、舜又代表一个时期。《尚书》的开篇就是《尧典》。儒家常常把尧舜的时代称为唐虞时代，墨家则经常以虞夏商周连称，认为有虞时代同夏商周一样也是一个历史的朝代，而尧舜则都是当时的圣王。如果把这些传说同考古学文化相比照，似乎黄帝到帝喾的时代有点像铜石并用时代早期，尧舜的时代则像铜石并用时代晚期。传说禹继承舜位，并且"会诸侯于涂山，执玉帛者万国"。古代城就是国，城里的居民称为国人。万国之万，只是形容其多，并不就是一万国。这种国自然只可能是一种城邦小国。尧舜禹的国家只不过是众多城邦小国中的较大和较有影响的。其政治体制颇带民主色彩，即所谓禅让选举的制度。其时当然也有斗争和权力的争夺，但总是与夏代开始的父死子继、兄终弟及的家天下大不相同的。我们如果能把这个问题研究清楚，就是对于整个东方乃至全世界文明史的研究，也是有很大理论意义的。

第二个问题是中国文明起源的模式，是一元还是多元？前面讲的那些新的考古发现，足可以证明中国文明起源是多元而不是一元，即使到夏商周的时代，中国文明也仍然是多元的。例如夏代的东方是夷人的天下，夷人建立了一个有穷国，其国君后羿在夏王朝建立不久时，就从太康手里夺取了政权，即所谓"因夏民以代夏政"。直到少康中兴才恢复夏朝的统治。可见东方有夷人的文明。同时期燕山南北的夏家店下层文化也可能已经进入了文明。到商代在大邑商之外还有许多方国，各方国可能都有自己的文明。最近在四川广汉三星堆发现的青铜文化和在江西新干大洋洲发现的青铜文化都有很高的水平和鲜明的特色，可见那时就有多种文明。总之，中国文明的起源是多元的，起源以后的很长时期也还是多元的。

不过我还要特别指出的是，中国古代的各个文明并不是各自孤立而是紧密相连的。在发展过程中虽然有不平衡的现象，步调还大致是相近的。由于中原处于中间的核心位置，所以在文明起源和发展中也起着比较特殊的作用。由此可见，中国文明起源的模式应该是多元一体的，我把它形容为一种重瓣花朵式的格局。

第三个问题是，为了把探索文明起源的工作更加健康地推进，我们的考古工作有必要做些改进。最近一些年，我们开始注意聚落形态的考古研究。我们既然发现了一些中心聚落遗址和城址，就应该选择重点进行全面而深入的考古研究。弄清楚其结构、布局和各部分的功能等等，还有城外的情况也要探明。这涉及城乡关系以及各城邦之间的关系等等。这需要有一个长远的规划，更需要相关部门和单位之间的合作与协调。

最后还要大力提倡多学科的协作，这本来是近代考古学发展的一个优良传统，但在前一个时期被削弱了，现在要大力推进。现在自然科学和技术的广泛应用已经被越来越多的学者所理解。而某些社会科学如文化人类学、民族学、社会学、人文地理学等的应用也应该提倡。如果我们把这方面的工作做好了，我们的研究水平就会有很大的提高。相信在若干年以后，我们再来讨论这个课题就不会只是初步的思考，而会有许多扎实的研究成果。其中不但有中国学者的努力，也会有许多外国同行的真知灼见。我期待着这一天的早日到来！

（1991 年 11 月 6 日于日本早稻田大学的演讲，讲话的日文版发表于《日本中国考古学会会报》第 2 号，1992 年 9 月）

中国文明的起源

一　为什么要研究中国文明的起源？

中国文明是一个曾经影响到整个东方，从而也影响到世界历史进程的伟大文明。她是如何发生的？有什么特点？对现代中国的发展有什么影响？乃是人们普遍关注的问题。以前我们只能根据古史记载和历史传说，推测黄帝是人文始祖。或者是把炎帝和黄帝并称，说他们两位是兄弟，约在5000年前共同缔造了最早的中华上古文明，因此历来就传说中国有五千年文明史。直到20世纪初年的新文化运动时期，著名学者胡适等人提倡用科学的方法整理国故，以顾颉刚为首的古史辨派在整理古书时发现有些古史的记载前后矛盾，有些明显是后人添加的，应该用科学的方法加以整理和辨正，被称为古史辨派或疑古派。尽管指出了错误，真实的历史是怎样的却不甚了了。于是有些学者觉得应该寄希望于考古。但考古学者需要有科学的训练，不是随便什么人都能做的。考古学研究的对象是古代人类社会留下的实物遗存，需要用科学的方法去逐步地探寻。对于发现的遗址需要选择重点进行适度的发掘，发掘出土的遗迹遗物还需要进行深入的研究。在资料不多的情况下只能作适度的推测，不是一下子就能够说清楚的。只有通过长期的工作和研究，才能逐步地接近历史的真实。我国的考古工作是从1921年河南渑池县仰韶村的发掘才开始的。前30年进展缓慢，在资料不足的情况下，对历史的解读往往不得要领。过去有一种说法，以为中原地区的文化最先进。中原地区的文明起源后才影响周围地区也先后走向文明。这叫作中原中心论。可是从20世纪80年代开始，不少地方的考古学文化出现了走向文明的迹象，好像一道道文明的曙光。中原中心论显然不能成立。于是就有苏秉琦的满天星斗说，张光直的相互作用圈说，我过去提出多元一体的重瓣花朵说①。到底哪一种更符合实际呢？这就是本文要研究的内容。

二　中国文明起源的地理环境和历史背景是什么？

人类社会离不开赖以生存的自然环境。不同的自然环境会对文明的形成和发展产生不同的影响。中国的自然地理环境有什么特点，对中国文明的产生和发展有什么特别的影响？是需要认真分析和研究的问题。中国位于亚洲东部，地势西高东低，背靠世界屋脊而面向太平洋。中国的四周有高山、沙漠和大海作为屏障，又远离世界其他地区的古代文明。

中国地理环境的基本特点是自成独立的地理单元，并且有一种天然的多元向心结构。这需要做一点解释。首先，中国的地形像一个大座椅，背对欧亚大陆而面向海洋。它的四周为高山、大川、沙漠、海洋所环绕，从而形成一个独立的地理单元。在交通不发达的情况下，很难同境外发生经常性的文化交流，因而中国史前文化基本上是本地起源和独自发展的，文明的发生和早期发展也基本上是在没有外界重大影响的条件下进行的。但中国又是一个地域辽阔和地形非常复杂的国家。由于各地的自然环境不同，在漫长的史前时期，逐渐发展出富有地方特色的文化，其发展水平也颇不同。例如广大的西北和西南地区因距海其远，地势又高，雨量稀少，大陆性气候十分显著，在新石器时代难以发展农业，所以遗址稀少，往往多细石器而较少陶器，文化发展也十分缓慢。东北地区因纬度较高，无霜期较短，在新石器时代仅南部一些地区发展了农业，渔猎经济则比较发达。陶器出现虽早，器形却比较简单，主要是筒形罐，文化的发展也是相对滞后的。华南气候炎热，雨量丰富，植物繁茂，照理是非常适于人类生存和发展的。但丰富的食物资源可能正是阻碍农业发展的重要原因，所以华南新石器文化发生虽然很早，却长期没有显著的发展。

相形之下，黄河中下游和长江中下游气候较适宜，又有较宽广的平原

---

① 严文明：《中国史前文化的统一性与多样性》，《文物》1987 年 3 期。

和肥沃的冲积土壤，因而分别成为粟作旱地农业和稻作水田农业的起源地和中心区域，新石器文化得到迅速的发展，在全国范围内成为文化最发达的区域，可称之为东方的两河流域。

由于这个两河流域位置比较适中，文化发展水平又比较高，所以在全国范围的新石器文化中起了凝聚的核心作用。不过这个地区范围仍然很大，不同地区的文化仍然有较大的差别。根据文化的特点和发展谱系，大致可以分为六个地区，即中原区、海岱区、燕辽区、甘青区、湘鄂区和江浙区。推测巴蜀也应自成一区，但至今因考古工作做得不够，本身的谱系还不甚清楚。每个文化区既是相对独立的，又是相互有联系的。假如把每个文化区比喻为一个花瓣，全中国的新石器文化就很像是一个重瓣花朵。这样的格局对于后来文明的起源及进一步的发展产生了决定性的影响。

三　中国文明是什么时候起源的？

中国有文字记载的历史只能追溯到殷周之际。20世纪30年代因为殷墟的发掘，知道商代晚期已进入文明时期；50年代因为郑州商城的发现，知道商代早期也已进入文明时期。从60年代起河南偃师二里头的发掘，把文明起源的时期提早到了夏代。夏鼐提出文明的起源还要早些，应到新石器时代晚期去寻找，现已成为大家的共识。

文明起源有一个过程，不是一下子就从史前跨入文明的门槛。从现有的资料来看，中国文明的起源大致经历了以下几个阶段。（1）大约公元前4000年是文明化起步阶段。少数主要文化区出现了中心聚落。（2）公元前第四千年后期是普遍文明化时期，社会明显开始分化，中心聚落和贵族坟墓出现，牛河梁、大汶口、大地湾等是很好的例子。（3）到公元前第三千年的时期则已进入初级文明或原始文明。这时农业经济有了较大的发展，部分手工业从家庭中分化出来，出现了专门制造特殊陶器、玉器、漆器、丝绸、象牙雕刻等高级产品的手工业作坊，贫富分化加剧，战争频仍，出现了许多城堡和都城遗址，例如良渚、石家河、陶寺等便是。这很像是五帝时代天下万国的情形。（4）从夏代开始正式进入文明时代；商周则是古代文明的兴盛时期。

近年来的考古发现和研究成果表明，中国新石器时代大约是从公元前 1 万年开始的，一般可再分为三个发展时期。早期（约公元前 10000 ~ 前 7000 年）的年代大约相当于西亚的前陶新石器，但中国各遗址中都已有了少量的陶器。这个时期最重大的成就可能是农业的发现，不过还没有成为重要的食物资源。当时的生业主要还是狩猎和采集经济。

中期（约公元前 7000 ~ 前 5000 年）是原始农业得到较大发展的时期，并已初步形成了南北两个农业体系。北方的黄河流域已经普遍种植粟、黍等旱地农作物，单是河北省武安县磁山遗址一处，便发现了成百的粮食窖穴，其中有大量粟和黍的朽灰，如果换算成新鲜粮食当在十万斤以上。南方的长江流域多种水稻，近年在浙江上山文化的多处遗址中都发现有稻壳痕迹，年代在 8000 年以前，浙江萧山的跨湖桥遗址也发现了 8000 年前的稻谷。在湖北省的城背溪文化和湖南省的彭头山文化中，也都发现了年代在 7000 年以前的稻谷遗迹。位于淮河上游的河南省舞阳县贾湖遗址，更发现了近 9000 年前的炭化稻米。到 5000 年左右，浙江余姚的河姆渡和田螺山遗址更发现了以十万斤计的稻谷遗存，并有大量的骨耜等农具。由于农业的发展，形成了较长时期定居的农村，从而为往后向文明社会的发展奠定了初步的物质基础。

晚期（约公元前 5000 ~ 前 3000 年）是中国新石器时代文化大发展的时期，中原地区的仰韶文化，山东地区的大汶口文化，辽宁西部和内蒙古东部的红山文化，长江中游的大溪文化、油子岭文化和下游的马家浜文化等，都是属于这一时期的。这时农业聚落遗址分布的密度明显增加，规模也有所扩大。每一个聚落中往往有近百座房屋，按照凝聚式和向心式结构排列，体现集体的精神和平等的原则。这个时期还流行多人二次合葬墓，即在人死后先对尸体进行暂时处理，等肉体腐烂后再把骨骼收拾起来，同亲近的人一起埋葬。每座墓合葬从数人到数十人不等，最多者可达一百余人。各墓的随葬品很少差别，而且也不强调个人所有，这显然也体现着集体精神和平等的原则。

大约从公元前 3500 年起，这种状况开始有所改变。我们看到无论是在聚落内部还是在聚落之间，都已出现了明显的分化。在聚落内部，个别房子造得特别讲究，规模往往也比较大，而大多数房子仍是简易的窝棚。在多数聚落的规模并无显著变化的同时，少数聚落却发展得特别大，出土遗迹遗物的规格也比较高，说明它们已发展成为当时的中心聚落，是社会分化的一个明显的标志。墓葬的情况也发生了相应的变化。少数大墓开始设置木棺，有的在棺外还建一木椁，随葬品可多达 100 多件，质地也特别精良。而绝大多数小墓则无棺无椁，随葬品十分简陋，有的甚至一无所有。贫富分化在这里看得非常清楚。

在辽宁省西部的凌源牛河梁发现了一处红山文化后期的祭祀中心和贵族墓群。所谓祭祀中心包括"女神庙"、方形祭坛和圜丘等一大群建筑。所谓女神庙是一个半地穴式的房屋，现在仅清理表面的一部分堆积，就发现至少有五六个人体塑像和个别禽、兽的塑像。人体塑像有的和真人一样大，有的还要大两三倍。庙旁有用石头护坡，表面平整的巨大的长方形祭坛。这组建筑的前方数百米，在一处很显眼的山坡上，有用石头砌成一个巨大的阶梯式圜丘，推测也是作祭祀用的。

贵族墓葬分布在祭祀遗迹的附近，有三十多处，每处一、二墓或四、五墓不等。每墓中心有石椁，随葬玉器等贵重物品。墓上垫土，四周砌石。有的砌两、三层台阶，宛若祭坛。其外围还往往竖置一周陶筒形器。有的墓旁还有若干小墓，也有石椁，有的也随葬玉器。这些小墓的死者当是墓主人的随从或近侍。这样看来，牛河梁所反映的红山文化后期的社会已经明显地分裂为贵族和平民两个阶层。贵族有自己单独的墓地，而且由于这个墓地同祭祀中心结合在一起，可见宗教也是由贵族所把持的。可以设想，如果没有一个相应的由贵族组成的权力机构，这些贵族的地位是难以维持的。这样的社会，已经同过去那种人人平等、共同劳动、共同消费的原始共产主义社会有所不同了，这是走向文明社会所迈出的非常重要的一步。

大约从公元前 3000～前 2000 年的一千年间，生产技术已有较大的发展。除石器制作更加精良外，还能制造一些小件的铜器，种类有刀、削、锥、凿、斧、铃、齿环和指环等，在青海的齐家文化遗址中还发现了小型的铜镜。这些铜器的质地不尽相同，有些是红铜做的，也有少数是砷青铜或黄铜做的，后二者可能与矿石成分较杂有关。由于铜器在当时生活中已占有一定地位，过去把这个阶段的文化遗存统统划归新石器时代晚期的做法就不尽合适了，有必要列为铜石并用时代，作为新石器时代向青铜时代转变中间的一个过渡时代。又由于这个时代的考古学文化主要是龙山文化及其同时代的诸文化，所以在考古学上又称为龙山时代。

龙山时代除农业较过去有较大发展外，手工业的成就更为突出。一是铜器的制造已于前述。二是制陶业中普遍使用快轮，它需要有厚重的转盘以加大惯性，要有既稳固摩擦系数又小的转轴和轴承，还要有传动设备，这大概是人类历史上发明的第一种简单机械，从而大大提高了陶器的生产率。三是玉器制造向高精方向发展。当时已经广泛地用切割方法和管钻法加工玉材，然后用琢磨和抛光方法使其润滑光亮。有的学者甚至推测当时可能使用了先进的机械砣具。大部分玉器还用圆雕或半圆雕、浮雕、透雕和线刻等方法进行装饰，成为艺术价值极高的工艺品。玉器的种类已很复杂，有专用于宗教仪典的琮和璧，有象征军权的钺，有各种佩带的装饰品如发笄、耳坠、手镯、带钩和璜、管、珠等，还有很多穿缀在衣服或其他软质物件上的饰件。有些玉器是作为组装件或镶嵌物来使用的。例如一件玉钺的木柄头部要装玉瓬，尾部要装玉镦，柄身还镶嵌许多排列成花纹的玉珠。有些漆盘、漆杯和漆壶上面也镶嵌很多玉珠或玉片。这些漆器显然也同玉器一样宝贵。当时还可能发展了丝绸业。因为早在郑州青台仰韶文化的瓮棺葬中就发现了用于包裹婴儿的丝绸。龙山时代的丝绸业应该有更大的发展。所有这些手工业的成就大部分是为贵族所垄断的，于此可见当时社会的分化达到了何种程度。

这个时期在建筑业中也有巨大的进步。在一些房屋建筑中已经大量地使用土坯砌墙，用石灰涂抹墙壁和地面。夯筑技术更是得到了广泛的应用，有的房屋有夯土台基，有些坟山也用夯土筑成。由于有了夯筑技术，使得营建大规模的城垣成为可能，而各种类型的城堡确实就在这个时候从地平线上冒出来了。

到目前为止，已经发现的龙山时代的城址大约有40多处，分布于河南、山东、湖北、湖南、四川和内蒙古等省区。如果以后加强考古调查，相信还会发现更多的城址。河南和山东境内现已发现10座城址，其中较大的如河南辉县孟庄和山东章丘城子崖的面积都有20万平方米左右，较小的如河南淮阳平粮台则仅有35000平方米。但后者做得比较讲究，已发现有东、南、北三座城门，南门两边设有门卫房，门道的地面以下还设有通向城外的陶质排水管道。有的城周围设壕沟，有的则由人工修成高坡。湖北和湖南境内发现了6座城址，有的呈方形，有的近似圆形或椭圆形。浙江省余杭良渚遗址群的中心区更有一座规模宏大的古城，周围还有若干祭坛和贵族坟山，组成一个巨大的遗址群。内蒙古的情况有所不同，那里多随山势用大石头砌筑城垣，这种山城往往坐落在险要的地方，多数应是军事城堡，少数较大的山城里面也有数量不等的常住居民。

城的出现应当是战争经常化和激烈化的产物，这是由于生产的发展，加深了贫富分化的程度，人们创造的许多财富为少数贵族所占有。他们贪得无厌，还要觊觎别人的财物，于是发动一次又一次的掠夺性战争。这个时期出现了大量制作精致的石钺和石箭头，是军事活动激烈化的直接反映；各地还发现许多乱葬坑，坑中往往丢弃数具乃至十数具尸骨。有的身首异处，有的做挣扎状，有的骨骼上还带有射入的石箭头，显然也是战争激烈化的直接证明。中国古代把城叫作国，城里人叫作国人。国有时也包括部分乡村，即所谓野。包括城乡的政治实体有时也叫作邦。传说黄帝时就有万国，尧舜的时候有万邦。大禹的时候也是"天下万国"。万者言其多也，并不一定就是一万个国家。总之是一种小国林立的局面。以后因为相互征伐兼并，到商汤时只剩了三千余国，周武王灭商时会于盟津的还有八百诸侯。龙山时代据放射性碳素测定刚好早于夏代，众多城址的发现证明那时已处于小国林立的局面，与传说中的五帝时代正好相合。所以我认为龙山时代可称为中国的古国时代，是真正的英雄时代。

把前面的意见归纳一下，就是中国原始农业的发生和发展为文明的起源奠定了初步的物质基础。直到仰韶文化后期，即大约从公元前3500年开始，才迈开了走向文明的脚步。进入龙山时代以后则加速了走向文明的步伐，有的地方甚至已经建立了最初的文明社会。到了夏代，中国古代文明才基本形成。

四   中国文明起源的模式是什么？

是单中心还是多中心？是一元还是多元？是直线发展还是曲折发展？现在看来，牛河梁、大地湾、石家河、良渚等都不在中原，中原中心论显然不大符合事实。不过中原仍是一个地理中心，以后又逐渐演变为文化中心。到商周时代地位更加突出，即使在这个时候，它的周围也还有其他青铜文明。可见中国文明的起源是多元的，中国古代文明是以黄河、长江的中下游为主体、以中原地区为核心的多中心联合体，或称为多元一体。拿一个形象的比喻就好像一个巨大的重瓣花朵，有人说这可以叫作重瓣花朵理论。花心是中原文化区，内圈的东、东北、东南、南、西南、西北和北部都自成一个文化区，其外围从东南起按顺时针方向数，有东越、闽越、南越、瓯越、夜郎、滇、南诏、吐蕃、乌孙、匈奴、东胡、契丹、肃慎等，也各有其文化特点，只是走向文明的时间较晚。

让我们逐一考察中原和内圈各主要文化区走向文明的具体情况，以及它们怎样相互影响而结成一个整体的。

首先讲中原文化区。这里最早的新石器时代文化是河南新密的李家沟文化，年代为距今 10200 ~ 8450 年[1]。之后是裴李岗文化、仰韶文化和中原龙山文化。李家沟文化开始出现陶器，裴李岗文化有比较发达的旱地农业，种植粟和黍。仰韶文化是一个强势文化，可分四期。其中第一期已有很规范的环壕聚落，到第二期即庙底沟期则已出现高于其他聚落的中心聚落。势力范围不但涵盖整个中原，影响所及则东到山东，南抵湖北，西达甘青，北及燕辽。最核心的地方在河南灵宝的铸鼎塬和巩义双槐树。传说铸鼎塬是轩辕黄帝铸鼎的地方，汉唐均建有黄帝庙。那里有多处仰韶文化遗址，其中最大的北阳平有 100 万平方米，东边的西坡遗址有 40 多万平方米[2]。现仅在西坡进行了几次考古发掘，发现中心部位有 5 座大房子。都是单间大堂，地面达数十乃至 200 多平方米。其中的 F104 地面有 83 平方米，是比较小的（图一）。F106 地面有 240 平方米，F105 地面有 204 平方米，后者周围有回廊，总面积则达 516 平方米[3]。这些房子的地面经过特殊的加工并涂以紫红等彩色。如此高等级的建筑应该属于宫殿或宗庙的性质。周围较小

[1]　郑州市文物考古研究院、北京大学中国考古学研究中心：《河南新密李家沟遗址北区 2009 年发掘报告》，《古代文明》第 9 卷，文物出版社，2013 年。

[2]　河南省文物考古研究所等：《河南灵宝铸鼎塬及其周围考古调查报告》，《华夏考古》1999 年 3 期。

[3]　河南省文物考古研究所等：《河南灵宝西坡遗址 105 号仰韶房址》，《文物》2003 年 8 期。

的房子才是住人的地方。这个聚落的南面有一条小沟，沟南是一片墓地。现已发掘墓葬 34 座，从布局看似乎还有未挖的墓葬，原来墓地的规模应该更大些。墓葬的规模明显可以分为四级，其中的一级大墓有 M8、M17 和 M27 共 3 座，二级墓有 4 座，三级 13 座，四级 11 座。大小墓葬穿插分布，说明死者应该属于同一个血缘集团①。M27 长 5.03、宽 3.36、深 1.92 米。有椁室，上面有木盖板，板上盖麻布。随葬品仅 9 件陶器，包括一对釜灶以及壶、钵、大口缸和簋形器，火候不高，似为明器（图二）。

M8、M17 与 M27 大同小异，墓葬的规格都很高很有气派，随葬品却很一般，死者应该是聚落中那些宫殿式建筑的主人，他们是首领级的人物，有崇高的身份和地位而并不看重财富。M17 随葬了 2 件玉钺和 1 件石钺，M8 也随葬 1 件玉钺，很明显是强调军权。石钺和玉钺都是最早的专门化武器。相

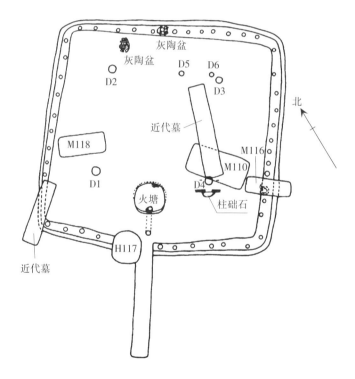

图一　西坡 F104 平面图

---

① 中国社会科学院考古研究所等：《灵宝西坡墓地》，文物出版社，2010 年。

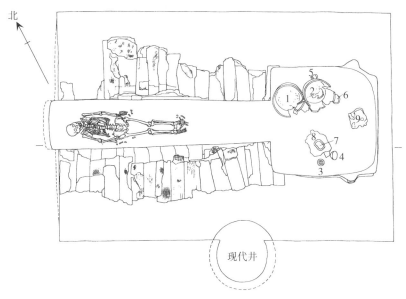

图二　西坡 M27 平面图
1、2. 陶大口缸　3. 陶壶　4. 陶钵　5. 陶带盖簋形器
6、9. 陶簋形器　7. 陶釜　8. 陶灶

传为东汉袁康所著《越绝书》中，在叙述兵器的发展史时说"黄帝之时以玉为兵"。这里既然传说是黄帝铸鼎的地方，而最高级的墓葬又随葬玉钺，是不是跟黄帝有些关系呢？值得思考。与西坡同时期的陕西华县泉护村也有一座同样大的房子和一座同样高规格的墓葬，陕西白水更有数座同样大的房子但不集中。说明西坡确实是仰韶文化当时的一个中心。不过在河南巩义还有一个中心叫双槐树，遗址有 100 多万平方米，北部有一部分被黄河侵蚀了。这是一个有多重环壕的城址，城中有宏大的宫殿基址和长排宫殿式建筑，殿前有一个大广场，还有可能是祭天的多个遗迹（图三、四）。遗址内还发现有骨雕的家蚕。离巩义不远的荥阳青台也是一个 100 多万平方米的大型城址，那里曾发现包裹丝织物的婴儿瓮棺葬。最近在荥阳汪沟又发现了同样的瓮棺葬，是用尖底瓶的下部装上婴儿后再扣上陶盆。婴儿身上包裹的绞经丝织物，是四经绞罗并脱胶染色，是很成熟的丝织品了。传说黄帝的妻子嫘祖劝民养蚕，跟这些发现有没有关系呢？双槐树那样高等级的城址又跟黄帝有没有关系呢？这些都是可以进一步思考的。我写了一首

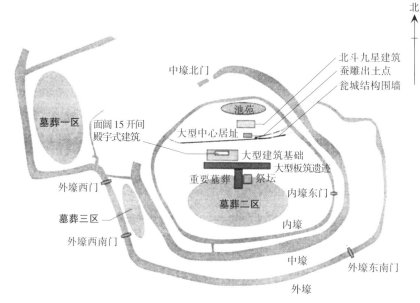

图三　双槐树遗址平面分布图

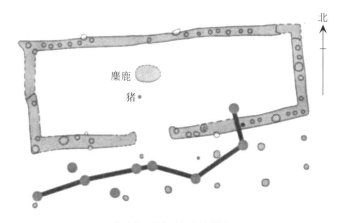

图四　双槐树遗址 F12

诗，名曰《双槐城礼赞》，兹录如下：

巩义双槐树，有座仰韶城。为览龙图便①，紧临大河边。

又防河水冲，城壕围数重。城前有大坪，疑是仿苍穹。

陶罐仿北斗，北斗拱北极。北极是天帝，人间有黄帝。

---

① 龙图即龙马负图或龙鱼河图，河出图则预示将出现圣明昌盛的时代。

黄帝位至尊，举手挥玉兵。率师杀蚩尤，三战降炎帝。

是始建朝廷，诸侯来朝奉。嫘祖始劝蚕，潜心供蚕神①。

春蚕勤吐丝，丝绸惠万方。中华创文明，神州大风光！

到仰韶文化晚期，原先的格局出现较大的变动。各地开始出现不同的特点，加上周围相关文化的影响，从而产生了几个地方文化类型。河南中西部伊洛郑州地区是秦王寨类型，山西南部汾水流域是西王村类型，陕西关中渭河流域是史家类型，内蒙古南部河套地区是海生不浪类型，陕西西部和甘肃东部的泾水流域是南佐类型，甘肃东部渭河上游是大地湾类型。

甘肃秦安大地湾是一个扇形山坡上的大型聚落遗址，从山下到山顶有一条中轴线，将遗址划分为对称的两片。中心是处在中轴线底端的 901 号大房子。这座房子由一个大型殿堂、后室和东西两间厢房组成，总面积约 290平方米。这种格局开启了中国宫殿建筑的先河。殿堂前面正中的大门外特设一个方形的门垛。大殿中间有一个大型灶台，后面有东西两个对称的大柱。四面有加固墙壁的贴壁柱。殿堂的地基经层层夯筑，地面抹多层三合土，看起来跟水泥一样，十分光滑平整。房前的广场也有两排各 6 个柱础。在这里立柱更显得十分气派。聚落中轴线的中段还有一座 401 号的大型房屋。中轴线的两边则有数百座中小型房屋，俨然是一座都城的雏形②。

南佐类型的文化面貌接近于西王村文化，中心在甘肃庆阳南佐遗址。该处有一座超大型房屋，坐北朝南，后面大殿有 300 多平方米，中间有一个直径 3.2 米的大火塘，偏北有对称的两个大柱洞。东、西、北三面贴墙各有四个半圆柱，每个用 4 根木棍紧箍并抹泥。地面抹 6 层白灰（图五）。南面有三个门道通向一个半开放的大厅。整个建筑面积有 630 平方米。室内发现有陶人、喇叭口尖底瓶、骨镞、骨匕，还有粮食稻、粟、黍，以及杏、枣和榛子等。宫殿前面两侧有多处数十米见方的夯土台。这座宫殿式建筑的规模比大地湾 901 号房子还要大，它的东部还有许多铺有白灰地面的方形房屋。这显然也是一个都城级的聚落遗址。记得这还是戴春阳任甘肃省文物考古研究所所长的时候做的工作，后来所长都换了几任，就是没有人继续

---

① 遗址中出土一件骨雕家蚕，比真蚕大得多，疑为供奉的蚕神。

② 甘肃省文物考古研究所：《秦安大地湾》，文物出版社，2006 年，第 397～473 页。

做下去。可惜由于发掘者早年离世，到现在连一篇发掘简报都没有发表。我虽然早就知道这个发现，后来从所里发掘档案中进行了核实。我想这项工作以后还是要做的，不能不了了之。像大地湾和南佐那样高等级的聚落，在仰韶文化的中心地区还没有见到，是值得特别关注的。其所以如此，也许与西部的戎羌部落的交往有关，这在文化特征上已露端倪。

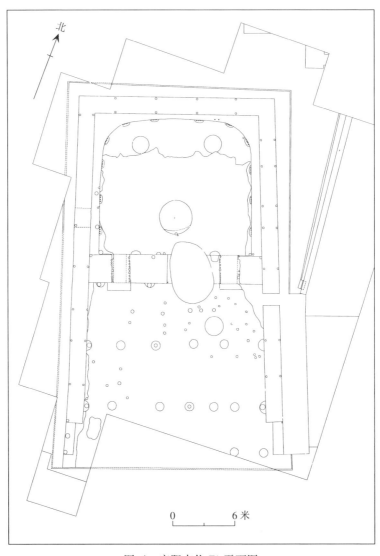

图五　庆阳南佐 F1 平面图

河南中西部的秦王寨类型中较大的聚落有郑州大河村和洛阳王湾。大河村虽然没有发现殿堂式的大型房屋，但有成排的分间式房屋。有一座四间套的房子，两间居室和一间储藏室，中间是一个大客厅，摆放了许多陶器，仅陶鼎就有12件之多。家庭的人自己用不了那么多，可能是宴请宾客之用。另一座套间房F19—F20也有同样的情况①。陕西关中高陵的杨官寨有一个半坡晚期类型的窑场，在一条小沟的北坡东西并排多座陶窑，每座陶窑旁边有一座窑洞式房子。窑场西边有一座放置陶器的仓库，里面放了许多小口尖底瓶。看来是专门为交换而进行的专业化生产，值得注意。

其次讲海岱文化区。这个文化区分布于山东全境和江苏、安徽北部的部分地区。早期的后李文化年代与中原地区的裴李岗文化相当，发展水平相若。已有初级的农业生产，种植粟和水稻。之后的北辛文化和大汶口文化则与仰韶文化相当。这个地方在早期历史时期是夷人的天下。《说文》："夷，从弓从大，东方之人也"。传说夷人的首领后羿善射，而大汶口文化的男性平均身高1.72米，比仰韶文化男性平均身高1.68米要高大，他们的后裔现代还是山东大汉。大汶口文化的居民还有拔牙的风俗。无论男女在进入青春期时都要拔除上颚侧门齿，因而被称为凿齿民。《山海经》就有"羿与凿齿战于寿华之野"的记载。大汶口文化可分为早中晚三期。早期与仰韶文化的庙底沟期相当，并且受仰韶文化的影响。中晚期与仰韶文化的晚期相当，但技术水平明显高于仰韶文化，反过来深刻地影响了仰韶文化，并且大幅度地向西边仰韶文化的地盘扩展。中期的社会已有初步的分化，到晚期社会分化已很明显。出现了若干中心聚落，有的地方已有土城。墓葬的分化更为明显。例如泰安大汶口遗址晚期的墓葬就明显分为大中小三级。其中晚期的10号墓就有棺、椁，随葬有象牙梳、象牙雕筒、玉钺、玉臂环和玉指环、三条不同样式的项饰，和大量陶器。包括精美的黑陶、白陶和彩陶，单是陶瓶就有38件之多。还有鳄鱼皮蒙的鼍鼓残片，两个猪头和若干猪下颌骨等。几乎集中了当时最珍贵的物品。可是死者仅是一位青年女性（图六）。在陵阳河和大朱村也有类似的大墓。说明当时的社会已有明显的分化，大量高档次产品的出现，明显标示着文明曙光的出现。

---

① 郑州市文物考古研究所：《郑州大河村》，科学出版社，2001年，第166～182页。

图六　大汶口10号墓平面图及随葬品

第三讲燕辽文化区。这个文化区位于东北南部和内蒙古东南部，中心在内蒙古的赤峰和辽宁的朝阳地区。这里最早有小河西文化，其后依次为赵宝沟文化、红山文化和小河沿文化。前三者陶器均以直筒平底灰陶罐为主，被称为罐文化系统。兴隆洼文化已有旱作农业，种植粟黍并养猪，但狩猎和采集经济仍占有重要地位。多环壕聚落和地穴式窝棚，每个聚落往往有上百个窝棚且排列有序，是一种严密有序的社会组织的表现。到红山文化因受仰韶文化的影响而出现了彩陶，文化面貌发生了重大变化。不但出现了若干中心聚落，还出现了整个文化的中心——辽宁凌源牛河梁！红山文化有三个显著的特征。一是人体艺术特别发达，二是大规模的石砌坟冢，三是以猪龙为代表的特色玉器。这三条在牛河梁都有充分的体现。牛河梁遗址位于凌源、建平和喀左三县交界处，是紧临牤牛河的小山梁。梁上有40多个遗迹地点，主要是坟冢，还有祭坛、庙址和广场等。第一地点在遗址的东北部，是一个多间的半地穴式的建筑，平面不甚规则，墙壁上有几何形彩绘和装饰条带。至今只发掘了表层和一个单室，发现了至少属于6个泥塑人像的残体，包括完整的头像和部分肢体。复原起来比真人大得多，而且是贴在墙壁上的。室内还有大块的泥塑鸟翅、鸟爪和猪嘴等。这可能是一座祭祀祖神的庙堂。牛河梁旁边的东山嘴也发现有陶塑的妇女像，肚子特别大，像是怀孕的样子。内蒙古敖汉旗四家子发现了一尊石雕人头像，头顶挽髻。敖汉旗兴隆沟一座房子里更发现了一个陶塑裸体人的坐像，头上也挽髻。说明红山文化特别注意人体艺术。

牛河梁第13地点在遗址东南，是一个巨大的祭坛。呈圆锥形，底座直径超过100米，高约15米，被称为土筑金字塔。坛顶似有祭天的圣火遗迹。

牛河梁遗址西南的第16地点在一座小山丘顶上，上面有夏家店下层的遗存，其下叠压11座红山文化的墓葬。其中的4号墓是迄今所知红山文化中最大的墓葬，周围的小墓可能是陪葬的。该大墓同样开凿在岩石上，墓穴深4.68米。在当时没有任何金属工具的情况下，只能以石攻石，或者再加上木棒和水火，这需要多么大的决心和毅力啊！该墓死者为一约40～45岁的男性，随葬有玉人、玉天鹅、玉箍形器、玉镯、玉环和绿松石坠饰等（图七）。是红山文化所有墓葬中随葬品等级最高也最丰富的，死者的身份无疑也是最高的，可否称之为红山王呢？

在以上三个标志性地点的中间有约40处积石坟冢。较早的坟冢仅有几座，都在第二地点，东西排列且都为圆形。每座冢墓随葬一件很大的彩陶瓮（图八）。

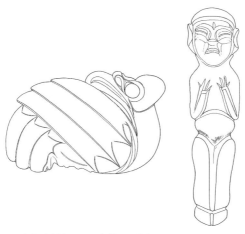

图七　牛河梁第 16 地点第 4 号大墓出土玉天鹅和玉人

其余坟冢都是晚期的。有单个的，也有排成一列的。第二地点即在早期坟冢北边排成一列，中间有一个圆形祭坛。每个坟冢埋葬前在岩石上开凿一个墓穴，死者放入墓穴底部，用土块和碎石填满后在周围用石块砌成方框，再在上面堆成石冢，有的还要在冢顶放置一个陶制的塔形器（图九）。方框每边长约十余米，面积达百余平方米。紧贴方框四周则排列大量彩陶筒形器（图一〇），数量达数十乃至上百件，蔚为壮观。墓主人往往随葬玉猪龙等玉

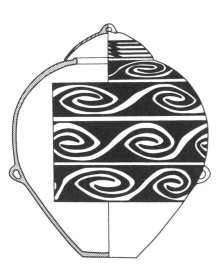

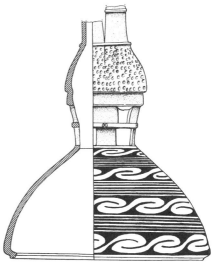

图八　牛河梁第二地点早期
　　　冢墓随葬彩陶瓮

图九　牛河梁冢墓顶上的陶塔形器

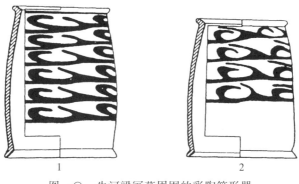

图一○　牛河梁冢墓周围的彩陶筒形器

器，而且只随葬玉器，可谓惟玉为葬。坟冢外围往往还有一些陪葬的小墓。

在红山文化分布的范围内，还有十几个地点发现有跟牛河梁同样的大型积石坟冢。内蒙古敖汉旗四家子就有五六个一排积石冢，其余地方都只有一座。可惜都没有发现相应的聚落。像牛河梁这样高度发达的文化遗址更应该有相应的大型聚落或城址，可惜至今还没有找到。不过就是已发现的这些遗迹，已足以反映出红山文化早期文明的光芒。

第四讲江浙文化区。这个区域包括浙江、江苏、上海和安徽，环境比较复杂，文化头绪也多，只有浙江比较稳定。这里最早的新石器时代文化是浙江的上山文化，在将近 1 万年以前的陶器上就有稻谷遗存，约 9000 年以前就有最早的彩陶。之后的跨湖桥文化稻作农业和彩陶进一步发展，到河姆渡文化的余姚河姆渡和田螺山遗址，都发现了大量的稻谷遗存，并且有非常先进的木构高脚屋，房屋上有各种雕刻的栏板。与河姆渡文化几乎同时，在太湖流域有马家浜文化，出现了最早的水稻田，同时有最早的玉钺和石钺。之后的崧泽文化社会明显分化，在江苏张家港大墓和小墓分区埋葬。大墓中有玉钺等上百件随葬品。与崧泽文化差不多同时，安徽东南和江苏南京地区出现了凌家滩—北阴阳营文化，玉器特别发达。其中安徽含山凌家滩在裕溪河北岸，面积达 110 万~ 140 万平方米。有一个大型城址，有双重城壕和大型房屋。屋后的土岗上有祭坛和墓地。墓葬排列有序，大墓均在南侧，最大的 07M23 在南侧居中。该墓可能有一个低矮的坟冢，上面放着一头重达 88 千克的石猪。大墓穴中间的小墓穴棺床上铺满 7 排石锛，每排 4 ~ 5 件。上面有玉璜、玉镯等，可能是死者佩戴在身上的。全墓共随葬玉器 200 件，石器 97 件，绿松石

1件和陶器31件。墓主身份当为该城的最高首领，或可称为凌家滩王。其他大墓则出土有玉人、玉龙、玉鹰等（图一一）。玉鹰的两翅做成两个猪头，很是特别。还有一个玉龟，里面装着一个玉板，上面刻着表示方位的复杂图案，很像是原始的栻盘。凌家滩的玉器加工精致，使用了切割、砣机、抛光、管钻等先进技术，纹饰不甚发达，但已有少量线刻。凌家滩显然已步入文明的初始阶段，但其后续的发展至今不甚清楚。

在江浙地区，继承崧泽文化的是良渚文化。但崧泽文化的玉器不甚发达，良渚文化高度发达的玉器明显是继承凌家滩文化的。良渚文化的中心在浙江杭州西北的良渚镇。那里发现有良渚古城、贵族坟山和超大型水利工程等。良渚古城由宫城、王城和外郭城组成。宫城即莫角山，为一长方形的高台，面积达30万平方米。发现有宫殿遗迹。王城达300万平方米，城垣底部为加固铺垫大块石头，上面夯筑黄土。工程浩大。城内有玉器作坊等手工业区，还有水道与城外河道相通。城西南的卞家山有河港和码头，可以通过良渚港通向外河乃至外海。城西的汇观山和城东北的瑶山有王室的祭坛，祭坛上同时有高级贵族的墓地。王室墓地则在宫城西北角的反山。其中的12号大墓随葬玉器即达600多件，包括琮、璧、钺及大量装饰品。最大的玉琮重6.5千克，被称为琮王。上面刻划了8个神人兽面纹，刻工的精细犹如微雕（图一二）。玉钺上也刻划神人兽面纹，钺柄上则镶嵌大量玉珠。墓中还随葬大型漆盘和漆杯，上面也镶嵌大量玉饰件。墓主人显然掌

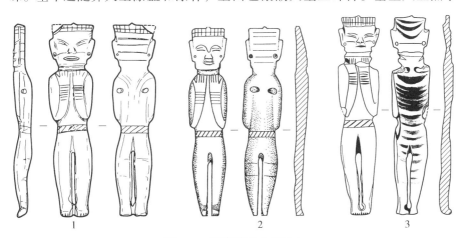

1　　　　　　　　　2　　　　　　　　　3

图一一　凌家滩出土的玉人

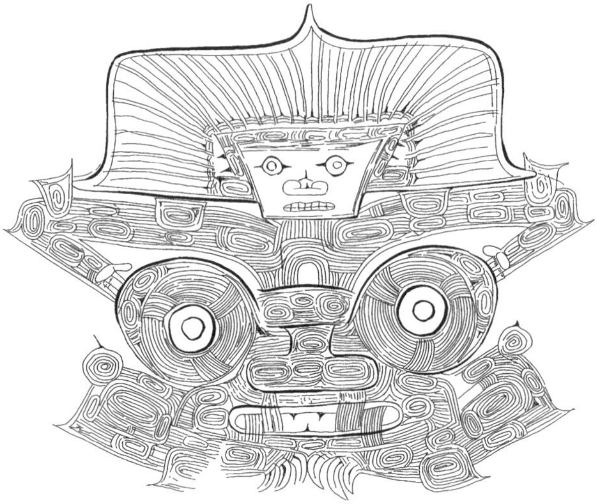

图一二　良渚反山大玉琮上刻划的神人兽面纹

握了军权、神权和财权，或许可称为良渚王。

　　古城的北部有塘山，那是一条东西向的运河，其西头直通山下的大小水库。那里在各个山口筑起了一系列水坝以拦蓄洪水，工程之艰巨令人叹为观止，在世界上也是少见的。古城往东的临平茅山有大面积的水稻田，经探测至少有 80 多亩。而且规划整齐，用田埂区分田块，方方正正，每块面积约一二亩，跟现代水田相似。根据稻田中硅酸体密度测算，稻谷亩产140 多千克，在当时已经是很高产了。稻田中发现有大量炭屑，说明当时的耕作方式是所谓"火耕而水薅"。与稻田相配合还有水塘和水渠。水渠中发现有 7 米多长的木船，以备运送粮草。整个茅山不啻为一个国营农场。2010年在莫角山宫城东边发现有数万斤烧焦的稻谷和稻米，那应当是王室粮库被火烧毁的证据。2017 年夏在莫角山宫城西南的池中寺发现万余平方米被烧焦的稻谷堆积，包括成束的稻穗，估计有 20 多万千克之巨，那显然是国家的粮仓所在①。由此可见当时的稻作农业生产达到了何等的规模！良渚古城内外那些巨大的工程之所以能够完成，稻作农业的高度发展应当是最重

---

① 　武欣、郑云飞：《良渚文化时期的农业》，《浙江省文物考古研究所学刊》（第十一辑），文物出版社，2019 年，第 569 页。

要的物质基础。

在整个良渚文化分布的太湖流域，除良渚古城外，还有许多中心遗址或贵族反山，包括上海的福泉山，江苏吴县的草鞋山和张陵山，常州的寺墩，江阴的高城墩，无锡的邱城墩和昆山的赵陵山等。如果把良渚古城看作是良渚古国的首都，这些分布于各地的中心遗址就好比下属的郡县。可见良渚文化早在5000多年前就已经率先发展为一个区域性王国了。

第五讲湘鄂文化区。这个文化区包括湖北的江汉平原和湖南的洞庭湖平原。最早的彭头山文化和城背溪文化，稻作农业已较发达。之后在湖南有石门皂市文化和汤家岗文化，此时在澧县城头山出现了最初的环壕城址。之后在大溪文化、屈家岭文化和石家河文化时期不断加固修筑并略有扩大。与此同时，在江汉平原的湖北天门石家河的谭家岭出现了油子岭文化的环壕城址。接着在其外围修建了屈家岭文化的大型城址，面积达120万平方米。此城一直沿用到石家河文化和肖家屋脊文化时期。

此时在江汉平原出现了一系列城址，石家河成为其中心，其布局几乎同良渚文化别无二致。石家河城的中心在谭家岭，那里发现的房屋基址，墙壁的厚度即达1米。城内西北的邓家湾是一个墓地兼宗教遗迹所在地。那里发现的两个小浅坑中竟有两百多个陶人和数千个陶塑动物，个体都只有10厘米左右。陶人多着细腰长袍，头戴软帽。大部分盘腿而坐，手捧大鱼。少数手舞足蹈。动物中家畜有猪、羊、牛、狗和鸡，野兽有大象、猴等，还有许多长尾鸟。形象生动。邓家湾两座建筑遗迹的边缘摆放了大量圜底陶缸，相互套接，初看起来以为是陶水管。一些陶缸上有刻划符号，很像大汶口文化的大口尊。但大口尊多单个随葬，而邓家湾的陶缸似乎是一种宗教遗迹，且数量巨大，至少有上千件，除邓家湾外，肖家屋脊和西城垣边的印信台也有。城南的三房湾更发现有数十万粗红陶杯。杯内空间很小，根本不适用。不知道为什么做如此多不适用的杯子。石家河的几处墓葬虽然有大小的明显分化，但大墓只是多随葬一些陶器，没有特别高档的物品，精美的玉器仅见于瓮棺葬。石家河那么大的城，应该与战争的防御有关，但没有发现石钺之类专门的武器。只是在一个灰陶罐上刻划一位似乎是高举石钺的武士（图一三）。

龙山时代：约公元前2900～前2000年。龙山时代的文化格局发生了很

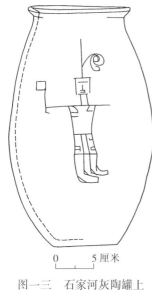

0 ———— 5 厘米

图一三　石家河灰陶罐上
刻划的武士像

大的变化，燕辽地区的红山文化悄然消失，继起的小河沿文化似乎并非直接继承红山文化，发展水平也明显下降。江浙地区高度发达的良渚古国更是突然倾覆而没有了下文。而在黄河流域的中原文化区和海岱文化区则快速发展，长江流域中游的江汉平原进一步发展，上游的川西平原也出现了文明的曙光。不过虽然有很大变动，整体格局仍然是多元一体。

在中原地区，继仰韶文化之后出现了中原龙山文化，其中又可分为王湾文化、陶寺文化和客省庄文化等。这时农业和手工业经济有了较大发展，各种石器已基本上通体磨制，还出现了个别青铜器。各地出现了许多环壕土城，到处都有被杀戮者的乱葬坑，说明战争已成为普遍和经常的社会现象。在这些土城中以山西襄汾的陶寺城址为最大，传说为尧都平阳所在。城址可分三期，早期距今约 4300～4100 年，中期距今约 4100～4000 年，晚期在一度废弃后又短期重建。其中外城约 300 万平方米，宫城约 13 万平方米。有专门的手工业区和公共墓地。在宫城中发现有宫殿的残迹，包括大型的柱础，刻划几何纹的白灰墙皮和平板瓦等。宫城内一个晚期的灰坑 H3403 内出土了一件残破的朱书扁壶，腹部写了一个"文"字，另一面写一个"命"字或"邑"字。这可能是中国最早的汉字。陶寺遗址有巨大的墓地，已发掘 1000 多座。如果全部发掘估计有 1 万多座。在已发掘的墓葬中，90% 一无所有，将近 10% 有少量陶器，不到 1% 的大墓随葬品特别丰富，品位也很高。其中有龙纹盘、鼍鼓和大量漆木器等。在大城东南的小城内有一个中期的王陵区，其中的 22 号墓长 5、宽 3.6、深 7 米，是迄今所知史前时期最大的墓葬。可惜棺室已被早期盗扰，仅残留玉石器 66 件，墓室内未被扰动部分出土有彩绘陶器 8 件，漆木器 25 件，玉器 18 件套，骨器 8 组，红彩草编 2 件和全部劈成两半的 10 头猪等。有多件带柄的石钺和玉钺，还有一根近两米长的木杆，可能是旗杆。如此气派的墓葬，死者非王莫属。难道他就是大名鼎鼎的帝尧吗？王族墓地中一座小墓 M3295 中出土了一件铜铃，另一墓中出土一件叠压在玉环上的铜齿环，两件都是砷青铜，这是中国最早的青铜器。

与陶寺同时，在陇东的灵台桥村曾出土大量陶瓦，包括平瓦和筒瓦，还有陶下水管道。延安芦山峁有约 600 万平方米的遗址群，其核心区即有 200 万平方米，有 1 万多平方米的夯土台基，上面的建筑群中轴对称，主次分明，也有大量陶瓦。在陕北神木有一个规模宏大的石峁山城。该山城位于一座小山顶上，有内城、外城和皇城三重结构。外城有石砌的墩台、门塾和马面等，东门更在白灰墙上画红、黄、黑色的几何形彩绘。皇城是一座石砌的阶梯形高台，台顶有宫殿和池苑等建筑。宫殿的石砌构件上有雕刻的人形和牛头、马、蛇以及弯弓射马的图像等①。台上发现有成千上万的羊骨，上万根骨针，不少用骨片做的口琴。同时还出有大量玉钺、玉牙璋和玉璜等。那里也有一个青铜齿环叠压在玉环上，还有铸造青铜刀的石范。石峁有些陶器也跟陶寺相像，两地很可能存在实际的联系。类似石峁的山城遗址还有许多，只是规模略小一些。那已经是中原的边界地区了。

在中原地区，还有河南登封的阳城，那是一座 30 多万平方米长方形的城址。传说禹居阳城或禹都阳城。那里也发现过青铜容器的残片。禹传子启，从此开启了世袭王权。但启的儿子太康好玩，被东夷的后羿给取代了，即所谓"因夏民以代夏政"。儿子仲康只好逃走，孙子少康逃到有仍当了牧正。后来在别人的帮助下恢复了夏代的统治，史称"少康中兴"。在新密新寨发现了一个环壕城址，年代略晚于王城岗，出土遗物除了本地传统的因素以外，还有少量东夷岳石文化的因素。因此很可能是后羿代夏所建的都城。

回头说海岱地区。那里继大汶口文化之后是龙山文化，这时也向西对中原龙山文化有较大的影响。大汶口文化的工艺水平已经非常高了，龙山文化时期又有新的发展。最突出的是所谓蛋壳黑陶器皿。其中以多种形态的杯、豆为最。其厚度仅一二毫米，漆黑发亮，而且火候高，非常坚硬，敲之有金属声。经过实验，应该是等坯体阴干后放在车床上一遍遍地车削

---

① 陕西省考古研究院等：《陕西神木市石峁遗址皇城台大台基遗址》，《考古》2020 年 7 期。

才可能做得那么薄，而且一定要装在匣钵中焙烧才不至于损坏。龙山文化的玉器如钺、圭、牙璧、牙璋和发笄等同样有非常高的工艺水平。龙山文化有多座城址，著名的有城子崖、两城镇、尧王城、桐林—田旺和丁公等。丁公的一块陶片上还刻划了 11 个文字，可能是一个传递信息的文书，只是无法辨认。龙山文化的墓葬也已经有了明显的分化。临朐西朱封和泗水尹家城高等级的墓葬有一棺一椁和一棺二椁之分，可见有初步的礼制。

在江汉平原，继石家河文化之后的肖家屋脊文化时期，明显受到中原王湾文化的影响，论者多认为与传说中尧舜禹征三苗的故事有关。这时玉器特别发达，工艺水平很高。在谭家岭即发现有 9 座瓮棺葬，随葬玉器达200 多件。这些玉器基本上是一些小牌饰，但雕刻极为精致（图一四）。大部分纹饰是浅浮雕，线条圆润。有立鹰纹、侧面人头和虎头等。之前在肖家屋脊的 6 号瓮棺中也曾出土了 56 件玉器，也都是小巧的袖珍品。其中有多件神祖的头像（图一五）。还有虎头、蝉和飞鹰等。可谓独树一帜。

在长江上游的成都平原，这时也突然出现了一系列环壕土城，包括新津宝墩古城、郫县鱼凫城、双河古城、都江堰芒城、高山古城和三星堆一期古城等将近十座。从出土陶器来看应该是受到长江中游屈家岭文化的影响。那里河流纵横，水网密布，有利于种植水稻。其中宝墩古城最大，外城近圆形，约 300 万平方米，城内大部分是水稻田，中间的许多小土包当是农家房舍所在。内城为长方形，约 60 万平方米。城内有宫殿式建筑，可见宝墩古城即是成都平原最初的都城。后来中心移到了广汉三星堆，并发展出了高度的青铜文明。

二里头文化： 龙山时代之后出现的第一个青铜文化就是二里头文化。这个文化以河南偃师二里头遗址命名。该遗址规模巨大，有宫城、青铜器作坊、绿松石作坊和祭祀区等。宫城位于遗址的中心区，为南北向的长方形，面积约 10.8 万平方米。包含多座宫殿基址。环绕宫城

图一四　谭家岭瓮棺出土玉鹰牌饰

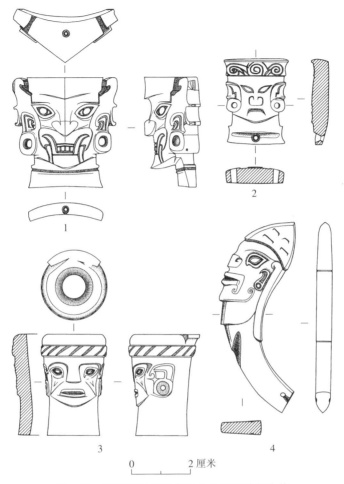

图一五　石家河肖家屋脊出土的玉雕神祖头像

有规整的道路，上面有双轮车辙印迹。看来奚仲造车的传说还是有根据的。
1 号宫殿位于宫城内西南角，有一个约 1 万平方米的夯土台基，上面建主体
殿堂四周建围墙和廊庑，布局严谨。遗址中出土多件青铜爵，还有青铜鼎、
斝、盉、铃等礼乐器，开先秦礼乐器的先河。青铜器作坊中发现有铜矿石、坩
埚、陶范等，从残陶范来看，可铸铜器的最大直径达 30 厘米以上。在宫殿区的
一座贵族墓中出土了一件绿松石镶嵌的龙形器，长 65 厘米，中间放置一件铜铃。
二里头还发现有多件镶嵌绿松石的青铜牌饰，上面的图案也略似龙纹。二里头
的玉器也很发达，主要有钺、戈、刀等武器和璧、璋等礼器。其中牙璋最具特

色。同样的牙璋几乎传遍了全中国，最南甚至到了越南。可见二里头文化影响之大。前面谈到夏代传到少康中兴起来了，此后即再未迁都，这个都城非二里头莫属。中华文明到此即进入了成熟的阶段，从多元一体到多元一统。从此生生不息，持续发展。

五　中国文明起源研究给我们什么样的启示？

我想主要有以下三点启示：第一，中国文明既然从起源到现在连续发展而没有中断，证明她是世界上最有生命力的伟大文明。世界上的原生文明只有三个，一个是古埃及、两河流域的苏美尔、阿卡德和印度河流域的哈拉帕的西方文明，一个是中国古代的东方文明，一个是以玛雅文化为代表的美洲文明。西方文明和美洲文明体量都很小，经不起外力的冲击，很快就湮灭了。只有中国文明生生不息，持续发展而从未中断；第二，中国文明从多元一体到多元一统，是一个持续发展的过程，分裂是暂时的，最终总要走向统一；第三，中国文明的起源和发展一直是沿着多元一统的轨迹曲折前进，以至形成现在以汉族为主体的多民族统一国家。因此我们在维护国家统一的同时，还要注意发挥各民族和各地方的特色，使中华文明丰富多彩，争奇斗艳，生生不息，永远雄居于世界的东方。

参考书目

1. 夏鼐：《中国文明的起源》，文物出版社，1985 年。

2. 苏秉琦：《中国文明起源新探》，生活·读书·新知三联书店，1999 年。

3. 严文明：《中华文明的始源》，文物出版社，2001 年。

4. 中国社会科学院考古研究所等：《中国文明起源研究要览》，文物出版社，2003 年。

（2008 年 11 月 22 日初稿，2019 年 12 月 30 日完稿。原载《国学研究》第 44 卷，中华书局，2020 年。收入本书时略有修改）

三苗寻踪

1980 年，俞伟超在其《先楚与三苗文化的考古学推测》[①]一文中，首先将"以屈家岭为中心的三大阶段的原始文化，推测为三苗遗存"。他说的三大阶段是指大溪文化、屈家岭文化和季家湖遗存。后者在年代上相当于石家河文化晚期至肖家屋脊文化。分布范围则主要在江汉平原和洞庭湖西北平原。他的这个推测是很有见地的。后来韩建业发表《禹征三苗探索》[②]，认为石家河文化即是三苗文化。推测禹征三苗还可能与公元前 22 世纪前后华北气候趋于干冷，从而促使人群南迁有关。在考古学上的表现，就是王湾三期文化向南发展，取代了石家河文化而变成肖家屋脊文化。我在纪念石家河考古六十周年的短诗《石家河赞》中也说："我意三苗氏，先楚创文明。武士挥大钺，雄风震四邻。苗民弗用灵，舜禹来远征。"我不但认为石家河文化即是三苗文化，而且认为三苗在楚之前已初创文明，其中心地或都城就在石家河。

石家河作为江汉平原史前文化的中心有一个发展过程。最早是油子岭文化时期的谭家岭古城。该城平面为正方形，面积不大但建筑讲究。南面的城壕边用木排加固。接着在屈家岭文化时期修建了一座 120 万平方米也略呈方形的大城，原谭家岭古城位于大城北部的正中而被掩埋。这座大城一直沿用到石家河文化时期，并且在谭家岭修建了大型的礼制性建筑。这可能是三苗都城发展的高峰时期。此后的肖家屋脊文化则完全取代了石家河

[①] 载《文物》1980 年 10 期，后收入俞伟超所著《先秦两汉考古学论集》，文物出版社，1985 年。

[②] 原载《中原文物》1995 年 2 期，后收入《原始中国——韩建业自选集》，中西书局，2017 年。

文化。古城被废弃，中心挪到了古城的东南但不再设城。如此突然的大变化正好与禹征三苗的故事相对应。

按照古史传说，早在尧舜禹时期，三苗已是一支不可忽视的力量，所以一次一次地去征伐。《尚书·尧典》即有"窜三苗于三危"之说。《史记·五帝本纪》则说"三苗在江淮荆州数为乱，于是舜归而言于帝……迁三苗于三危，以变西戎"。这似乎是引申《尧典》的话。那时哪里有能力把一个族群驱逐到遥远的西北地区，显然是过分夸张了。

舜亲征三苗的事记述不详。《吕氏春秋·召类》说"舜却苗民，更易其俗"。《礼记·檀弓下》谓"舜葬于苍梧之野"，郑注"舜征有苗而死，因留葬焉"。《淮南子·修务训》谓"舜南征三苗，道死苍梧"。苍梧在今湖南南部，已是三苗分布区以南了。

舜不但亲征三苗，还特地命禹出征。《尚书·尧典》载"帝（舜）曰：咨禹！惟时有苗弗率，汝徂征。禹乃会群后誓于师曰：济济有众咸听朕命：蠢兹有苗昏迷不恭，侮慢自贤，反道败德，君子在野，小人在位。民弃不保，天降之咎！肆予以尔众士奉辞伐罪……"《墨子·非攻下》记禹乘三苗发生天灾和内乱之际，假托天意大举征讨。三苗打败，以致宗庙被毁，子孙为隶。韩建业把肖家屋脊文化取代石家河文化与禹征三苗的故事相联系，是很有说服力的。

传说三苗活动的地方主要在江汉平原及其左近。《战国策·魏策一》载吴起对魏武侯曰："昔者三苗之居，左彭蠡之波，右洞庭之水，文山在其南而衡山在其北。"这里的文山不知所指，衡山似不应是南岳衡山。只要知道是在洞庭湖和彭蠡即鄱阳湖之间就明白了。但这之间多山，似乎更应在其北面的江汉平原或古云梦泽之畔。《史记·五帝本纪》说"三苗在江淮荆州数为乱"，此处江淮似应为江汉，三苗没有到淮河流域。

在江汉平原及其左近发现的史前文化，依年代顺序排列，最早是油子岭文化，以下依次为屈家岭文化、石家河文化和后石家河文化或称肖家屋脊文化。其中心都在石家河。

在江汉平原和洞庭湖西部平原，最早在油子岭文化时期筑起了谭家岭古城，在汤家岗文化时期筑起了澧县城头山古城。在大溪文化时期筑起了江陵阴湘古城，那多半是为防御洪水而建。到屈家岭文化时期，各地陆续建起了一系列土城，接着到石家河文化时期，在把原有土城加高加厚的同时，又新建起了一系列土城。那明显是为了防御来自北方势力的入侵。但是好景不长，禹征三苗之后，这些土城都废弃了。

与三苗同为帝高阳和重黎后裔的楚，似乎没有受到禹征三苗事件的多大影响。所以直到商代武丁时期还要兴师动众去征伐。《诗·商颂·殷武》云："挞彼殷武，奋发荆楚"就说得很清楚。此后周文王又封楚子于丹阳，楚人建国后从丹阳迁郢，国力大盛。三苗余部就被排挤到山地去了。

三苗的风俗是很有特色的。《淮南子·齐俗训》谓"三苗髽首"，高诱注谓髽首是用枲麻束发而结。《左传·襄公四年》孔疏引马融说是"屈布为巾"，又引郑玄说是"去纚而紒"。总之是不用发笄。屈家岭—石家河文化就没有发现发笄。石家河古城内西北的邓家湾发现有二百多个陶人，其头顶就是屈布为巾或是用麻布束发。这跟华夏族系大不相同，说明这里确实是三苗留下的遗存。

阎文儒先生祭

时间过得真快，我敬爱的老师阎文儒先生一晃就过世二十多年了，但先生的音容笑貌仍历历在目，难以忘怀。先生字述祖，号真斋主人，辽宁义县生人，满族。先生从小好学，早先在辽宁沈阳的东北大学史地系学习，1939年考入北京大学文科研究所，师从著名的向达先生读研究生，主攻西域文明史。1948年任职于北京大学文科研究所古器物整理室，1950年参加文化部文物局组织的雁北文物考察团的野外调查，接着又参加东北考古发掘团的考古调查与发掘工作。1952年北京大学成立考古专业，先生被聘入考古教研室任资料室主任，同时部分参与考古学通论、历史考古学和中国美术史等课程的教学，并主讲石窟寺艺术和中国考古学史。后两门课我都有幸听了。先生讲课认真并带有感情色彩，我们都很爱听。为了更全面而深入地研究中国石窟寺佛教艺术，他曾经不畏艰难，对全国的石窟进行了全面的调查与纪录，最后出了一本《中国石窟艺术总论》和若干专论，包括《莫高窟的石窟构造及其塑像》《麦积山石窟》《炳灵寺石窟》和《龙门石窟研究》等。

1966年年初我在北京昌平区小汤山附近的后牛坊大队搞"四清"。按照规定，我们在那里工作都是在贫下中农家里吃派饭。我到一户很不讲卫生的家里吃派饭，那家的一位小伙子得了黄疸型肝炎，脸黄黄的，我很小心地勉强吃了一碗饭，总觉得不大对劲。果然当晚就觉得有点发烧。工作队队长劝我立即回校检查。我3月初回校在校医院住了一个月，没有发现什么问题就出院了。这时北大考古陈列室的大批文物按当时规定就必须转移到陕西汉中地区。领导让我和阎先生负责清点整理，重新建立账目，并且定做了一大批锦匣和木箱。锦匣是根据文物标本的具体情况而设计的，规格大小和材质都不大相同。铜器和陶器多用硬纸板做成方盒子，里面衬以丝绵和绸缎面。我们有一千多片刻字甲骨，阎先生特地请老技工徐立信全部精拓一遍。徐公的拓片技术极高，在全国无出其右，拓出来的字迹特别清楚。我们把这些拓片依据甲骨的编号裱贴在六开的宣纸上，然后装订成册，就成为相当高档的线装书。阎先生十分郑重地在每册书的封面题写书名。我们都知道阎先生的毛笔字写得很好，可是不久前因颈椎病切掉了一根颈椎，右手不能写字了，先生就改用左手写。照样运笔如神，遒劲有力。先生的坚强意志和书法功力实在令人叹服。

1969 年 10 月 26 日，北京大学一千多名教师到江西新建县鄱阳湖边的鲤鱼洲劳动种田。北大历史系去了五十多人，并与哲学系的教师一起编为第八连，我和阎先生也都去了。原来鲤鱼洲是新从鄱阳湖围垦出来的沙洲，里面没有一户人家，当然也没有一间房屋。在我们去之前，北大物理系的先遣队在大堤坡下搭建了一座长长的茅棚，里面是一个三四十米长的两层通铺。因为地势很低，有时青蛙和蛇都可以爬到床板上来。

整个八连就只有一个伙房。大米饭足够吃，就是没有菜。附近老鲤鱼洲的军垦农场送给我们每个连一筐鸡毛菜，还尽量节约吃。每餐烧一大锅水，倒一瓶酱油和一勺盐，抓一把鸡毛菜往锅里一搅，就是我们一百多人的菜。每人一勺，里面只有一两片菜叶，我想鄱阳湖里有的是鱼，何不想法子弄点鱼来吃？但我们没有任何捕鱼的工具。于是我约了几个年青的朋友，到湖边水浅的地方，用铁锹挖泥筑成一个小池，然后用洗脸盆往外戽水，等只剩了不多的水，鱼就会跳跃起来，大家高兴地抓了几条鱼。我因为有胃溃疡的老毛病，在凉水里泡久了，引起胃病大发作，几天吃不下一口饭。白天大家都去上工，我一个人躺在大棚里木板床上，总觉得不是滋味，但又没有办法。连队里有个赤脚医生小苗给我吃苏打片，反而更痛得不行。大家都很着急，最急的是阎先生。他打听到校医院有一位著名的老中医杜大夫编在六连，也被打成了"历史反革命"，请他来要冒极大的风险。思来想去还是救人要紧，趁一个晚上把杜大夫请来了。大夫首先为我号了号脉，看了看舌苔，便开始扎针。从头部、腹部到四肢一共扎了十几根针，我就感到有些恶心，一下子喷吐出许多黄水，吐得大夫满脸都是。我当然很不好意思，大夫却非常高兴，说这下好了，赶紧把针一根根拔下，叮嘱了几句要注意的话，就匆匆离开了。我这时感到轻松了许多，当晚就睡了一个好觉。第二天一早竟然能够起床大便，拉出了一大摊黑血！肚子空了，也想吃点东西了。厨房专门为我熬了稀粥，从此就慢慢缓过来了。这事想起来都很害怕。要不是阎先生冒险找杜大夫，我这条命就搭在鲤鱼洲了。师恩难忘，恩深似海啊！

　　"文革"后学校逐渐恢复了教学秩序，北大考古专业也从历史系独立为考古系。我除了照常教学和指导田野考古实习外，还担任系里的行政工作。虽然很忙，但还是经常去看望阎先生。先生是我系年事最高的长者，却特别谦虚随和。先生有一个和睦的家庭。师母没有学历，却很有文化，是实际的当家人，先生总是跟着孩子一样称呼她为妈妈。二老有三个孩子。老大万石，老二万钧，都是男孩，都没有上过大学。万石比较聪明，先生请我系的孙贯文先生辅导，以便考历史系的隋唐史专家王永兴的研究生，可惜没有成功。老三万英是女孩子，在中国农业大学毕业后留校当了教授，著有《中国农业发展史》等。先生九泉有知，也应该可以瞑目了。

　　　　　　　　　　　　　　（2014 年 10 月起稿，2020 年 3 月修改）

敬悼传玺兄

2月28日早上打开电脑，忽然看到张传玺先生去世的讣告，随即给历史系发去唁电，并请代送挽联和花圈。传玺是我的学长，从我初进北大时就认识。因为他是历史系主任翦伯赞先生的助手和研究生，我跟翦老是湖南常德地区的小同乡，上学伊始就去拜访他老人家，自然也就认识了传玺兄。

翦老是著名的历史学家，也特别重视考古学研究历史的特殊作用。传玺兄也特别重视考古学发现和研究成果的应用。每当有重要发现的消息，总是向我询问更详细的情况和学术价值。我也经常向他请教中国古代史方面的有关问题。我们通常称呼他传公。大家都知道传公是著名的秦汉史专家，其实他对整个中国古代史都很熟悉，尤其对古代土地制度和农民战争有很深入的研究。还特别注意收集契约资料，出版了三卷本的《中国历代契约粹编》。此外他还特别重视中学的历史教育，受教育部委托主编并多次修改中学的历史教材。

21世纪初，北京大学启动了编写《中华文明史》四卷本的工作，有三十多位学者参加。传公是第二卷从秦汉到魏晋南北朝的主编，我则主编从史前到先秦的第一卷。这一卷除了大量考古研究成果外，对以文献为基础的先秦史应该有一个概略的叙述。我想写这段历史最合适的人选非传公莫属。他虽然在全力主编第二卷，还是抽出时间帮助撰写了先秦史的有关章节，即第三章的一、二、四节，让我非常感动。

传公是山东日照生人，老家在日照涛雒，与著名核物理学家丁肇中是同乡。日照两城镇、尧王城、东海峪都是龙山文化的核心遗址。我曾多次考察这些遗址，顺便到传公的老家看看。那里有一个大盐场，海盐堆积如山。许多人靠卖海盐为生。传公早年家庭人口多，全靠他一人不多的工资，日子过得非常艰苦。但他以顽强的精神克服困难，坚持正常的教学和学术研究，并取得了骄人的成果。但他为人特别谦和低调，从不以某某专家自居，不啻为当代学者的楷模。

2021 年 4 月 8 日

改编三字经

一

人之初	古猿生	学直立	手脚分	学语言	头脑清
兽性减	人性增	直立人	到神州	经元谋	蓝田留
周口店	最长久	百万年	变智人	燧人氏	驯火神
有巢氏	建屋宇	伏羲氏	善田猎	神农氏	教农耕
我黄帝	号轩辕	操玉兵	战蚩尤	创制度	兴百业
垂衣裳	天下治	唐虞世	尧与舜	相揖让	德高尚
大禹王	治洪水	众百姓	得安康	禹传启	家天下
四百载	至桀亡	汤伐夏	国号商	六百载	至纣亡
周武王	伐商纣	八百载	最长久	周撤东	王纲坠
逞干戈	尚游说	五霸强	七雄争	秦始皇	乃勃兴
扫六合	大一统	车同轨	书同文	法度严	坑儒生
暴秦亡	楚汉争	高祖立	汉业兴	驱匈奴	通西域
光武兴	为东汉	四百年	终于献	魏蜀吴	争汉鼎
号三国	迄两晋	宋齐继	梁陈承	为南朝	都金陵
北元魏	分东西	称北朝	周与齐	隋统一	除乱局
开运河	惠民生	大唐兴	都长安	万邦朝	称盛世
梁唐晋	及汉周	五代乱	赵宋平	开市场	重教化
文运昌	国不强	并世者	辽与金	元蒙古	大帝国
跨欧亚	终分裂	元曲终	有大明	命郑和	率宝船

下西洋	扬国威	丝绸路	海陆通	瓷与茶	换白银
明季衰	满清代	康雍乾	盛而衰	洋枪炮	打进来
割土地	赔钱财	革命起	建民国	唱共和	军阀代
东洋寇	逞凶狂	侵我土	杀我人	我军民	齐抵抗
终胜利	庆光复	不曾想	内战起	共产党	挽狂澜
扫腐恶	保边疆	革命成	建设忙	民众富	国力强
我中华	尚仁义	不称霸	不欺邻	各民族	皆兄弟
中国梦	天下公	共携手	唱大同		

二

人之初	心单纯	教善善	习恶恶	教之道	贵以专
昔孟母	择邻处	子不学	断机杼	养不教	父之过
教不严	师之惰	子不学	非所宜	幼不学	老何为
玉不琢	不成器	人不学	不知义	为人子	方少时
亲师友	习礼仪	首孝悌	次见闻	知某数	识某文
一而十	十而百	百而千	千而万	万而亿	亿而兆
恒河沙	无限数	三才者	天地人	三光者	日月星
三教者	儒释道	曰春夏	曰秋冬	此四时	运不穷
曰南北	曰西东	此四方	应乎中	曰水火	木金土
此五行	本乎数	曰仁义	礼智信	此五常	不容紊
稻粱菽	麦黍稷	此六谷	人所食	马牛羊	鸡犬豕
此六畜	人所饲	曰喜怒	曰哀乐	爱恶欲	七情具
匏土革	木石金	丝与竹	乃八音	高曾祖	父而身
自子孙	至玄曾	乃九族	人之伦	父子恩	夫妇顺
兄则友	弟则恭	长幼序	友与朋	此十义	人所同
为学者	必有初	幼儿园	学规矩	交朋友	做游戏
上小学	进中学	学知识	讲礼义	学习好	考大学
分专业	便就业	专业精	可考研	不图名	不为钱
读博士	锦上添	为祖国	为人民	穷毕生	作奉献

聪明的小猪

如果一个人过分愚蠢，会被人骂他蠢得像猪一样。但我却见识了一只聪明的小猪。1970 年 10 月，我从江西鲤鱼洲干校回来，被分派到历史系办的食堂当司务长。那个时候北京大学招收了第一批工农兵学员，学校原来的系都按照连队建设，学生上课不用教室也不用课桌，每人领一个小马扎。各系自办食堂，自搭猪圈养猪，自开菜地种菜。我既当司务长，这后面三项就由我负责管理。当时的勺园已是农田和草地，各系的猪圈就搭在那里。一个挨着一个，像一个大型养猪场。我系的猪圈中养了一头母猪，带着八九只小猪。几个炊事员不愿意喂猪，我只好自己去喂。过些日子后，不巧有一只小猪病了。我就把它装在一个藤条筐里，放在平板三轮车上，拉到海淀兽医站。兽医给它灌了些药，我就原样把它拉回来，直接放在食堂的一个角落里。给它喂一些稀饭之类好消化又富有营养的食物。大家忙着做饭，一时没有注意。等下次喂食时发现小猪不见了。我们在食堂周围到处寻找，竟然毫无踪影。我就到勺园的猪圈去喂猪。竟然发现小猪就在我们的猪圈的门口，望着里面的母猪呱呱地叫。母猪也走到栅栏的门口，望着小猪嘴对嘴地嘎嘎地叫，好不亲切！我简直惊呆了！它怎么知道找到自己的猪圈呢？要知道我们的食堂离勺园猪圈起码有 500 米，我又不是把小猪从猪圈直接拉到食堂的。从猪圈到兽医站—食堂—猪圈实际是个大三角，而且我是把小猪装在藤条筐里运去运来的，小猪看不到路。难道它有指引方向的无线信号吗？这不禁让我联想到北京的雨燕。它们的老窝建在颐和园十七孔桥上一座古建的屋檐下，每年秋天出发，不畏艰难，长途一直飞往非洲的南端。第二年春天再飞回北京，还住在颐和园十七孔桥上的老窝里。多么令人惊叹！在鄱阳湖过冬的白鹤，每到春天就要往北飞到松辽平原觅食，过上一两个月，继续往北飞到北冰洋岸边产卵繁殖后代，之后又返回鄱阳湖过冬，单程就有5000多千米，年复一年。黑龙江的大马哈鱼定时游向遥远的大洋，又定时游回江里产卵。动物的这种特异功能实在难以想象，很值得相关学者好好研究啊！

贰 书序与题词

《北美洲印第安人》序

　　1989 年春，北京大学考古学系在校方和国家教育委员会的支持下，邀请美国肯塔基大学人类学系教授和系主任威廉·亚当斯（William Adams）先生偕夫人来我系讲学。亚当斯先生当时 61 岁，1958 年在亚利桑那大学获人类学博士，1959~1966 年作为联合国教科文组织专家赴苏丹从事考古发掘与研究工作。后来曾经长期在美国西南部那发和印第安人部落中生活并从事调查研究，在此基础上又对整个北美洲印第安人的历史和文化进行比较深入的了解。著作甚多，在国际人类学和考古学界都有较高的声望。

　　亚当斯先生的讲学从 2 月 28 日到 5 月 31 日，主要讲"北美洲印第安人"，同时做了"美国人类学的理论和实践"的学术报告，亚当斯夫人则做了"古代埃及的纺织"学术讲座。

　　"北美洲印第安人"讲课的内容丰富，大部分是讲 16~18 世纪欧洲移民尚未建立统治时期的印第安人的土著文化，同时也涉及印第安人更早时期以及后来白人统治时期的情况，乃至当前北美印第安人的现况等。

　　所谓印第安人是欧洲人对美洲原住人民的称谓。因为当初哥伦布于 1492 年初到美洲时，误以为到了印度，于是把当地的原住民也错误地称为印度人——Indian，即现在翻译的印第安人。现在北美地区已不大用印第安人这个名称，而改称 First peoples 或 First nations，即原住民或原住民族；或者称 Native peoples 或 Native nations，即土著或土著民族。根据这一情况，亚当斯先生讲课的名称应该是"北美洲的原住民族"，之所以还称为"北美洲印第安人"，不过是考虑到习惯的用法罢了。实际上美洲的原住民并没有给自己一个共同的名称，而只有各地区或各个部落的名称。但如果从考古学和体质人类学的研究来看，则可以知道这些原住民本来有共同的来源，即主要是北亚蒙古人种的一支，在最近一次的大冰河时期（大约 2 万年前），从现今已成为白令海峡的陆桥上，为追赶驯鹿群而一批批不知不觉地迁移过去的。等到冰河期过去，陆桥消失，从此长期跟亚洲大陆失去了联系。他们的子孙也就在美洲安顿下来，繁衍生息，并且陆续分布到南北美洲的各个地区，组成了许多部落，因生存环境不同而发展出了不同的经济和文化。

由于各地的自然环境不同，人们经济文化发展的方向和水平也很不同。大致是农业部落发展比较稳定，其中有些地方发展出了很有特色的文明社会。例如中美洲的玛雅文明、北美南部的阿兹特克文明和南美洲的安第斯文明。而在北美的广大地区直到欧洲殖民者到来的时候，还都处在前文明的发展阶段。

根据亚当斯的研究，在欧洲人到来之前，北美洲至少有 200 个部落，还有许多地方连部落组织都不存在。各部落操着不同的语言，也有不同的文化和风俗习惯。若是按经济文化特点来划分，则大致可以区分为十个地区或十个经济文化类型：①极地海岸区，②近极地森林区，③北部太平洋沿岸区，④哥伦比亚高原区，⑤加利福尼亚区，⑥大盆地地区，⑦大平原区，⑧西南地区，⑨东北森林区，⑩东南森林区。同一区域内不同的部落是相对独立的，往往有不同的语言和各自的历史传说，但由于处在相同的生态环境下，有相似的经济生活，相互间又不时有各种形式的交往，包括互通婚姻等情况。所以也有不少文化方面的相似性，只是没有形成任何高于部落的地区性组织。

最早对北美印第安人进行系统研究的当首推美国人类学家摩尔根（1818～1881 年）。他曾经在大湖区易洛魁人的部落中生活了 40 多年，作为律师努力为印第安人争取应得的权利，受到印第安人的爱戴和尊敬。他首先对易洛魁人的社会进行了深入的调查，于 1851 年出版了他的第一部民族学著作《易洛魁联盟》，后来在收集更多民族学资料的基础上，于 1871 年发表了《人类家庭的血亲和姻亲制度》，提出亲族制度不但是家庭和婚姻制度的反映，而且因为后者是能动的，前者是被动的，有时会落后于后者。因此在某些情况下，可以根据亲族制度来恢复现实社会已不复存在的家庭和婚姻制度。这一论述在人类学界产生了巨大的反响。接着他又在收集更多资料的基础上，于 1877 年发表了《古代社会》一书，不但按照当时通行的办法把人类早期的社会划分为蒙昧、野蛮和文明三大阶段，而且更进一步把每一阶段又分为低级、中级和高级三小阶段。把物质资料的生产和家庭与婚姻形态的发展都排比出一条进化的序列，并且一一对应起来，把人类早期社会的发展描绘出了一幅十分清晰的蓝图。这一巨大的贡献使他成为人类学中进化论学派的创始人，甚至被尊称为人类学之父。

摩尔根的著作受到了马克思和恩格斯的高度关注。马克思在晚年对《古代社会》做了详细的摘要和批注，恩格斯更在此基础上写出了《家庭、私有制和国家的起源》一书，成为尔后长时期内指导研究原始社会史的经典著作，从而又更加彰显了摩尔根的影响。

不过从那以后，不少人类学家对美洲印第安人进行了更加深入细致的调查与研究，发现摩尔根的一些说法并非完全正确，他所建构的基本理论框架也多有可商榷的地方。四川大学的童恩正先生就曾经比较详细地介绍了学术界的这一重要的进展①。为了更加直接地了解美洲印第安人研究的现况和主要成果，我想最好邀请美国研究印第安人的权威学者来我校讲学，这就是为什么会邀请威廉·亚当斯先生的原委。

亚当斯先生讲课时只写了一个提纲，由曹音进行即席翻译，课后整理了一份讲稿，但比较粗糙，最后又由严文明进行了加工整理。为慎重起见，仅供教学内部使用，没有正式出版。

1989 年 10 月 5 日

---

① 童恩正：《摩尔根的模式与中国的原始社会史研究》，《文化人类学》附录，上海人民出版社，1989 年。

《良渚玉器》序言

中国史前玉器以良渚文化最为发达，良渚文化的玉器又以良渚核心地区的反山、瑶山出土者最为集中，数量最多，档次最高，蕴含的内容也最为复杂。如何解读是一件十分困难而又具有重要意义的事情。

解读良渚玉器，离不开对整个良渚遗址的认识。良渚遗址是以良渚古城为中心的巨大群落。古城中心有莫角山等类似宫城的高等级建筑和钟家港的玉器等手工业作坊，周围有反山、瑶山和汇观山等王室祭坛和高等级贵族墓地，还有卞家山船港码头等水运设施。更有塘山运河和彭公大坝等世界级的超大型水利枢纽工程。而这一切又是以极其发达的稻作农业为基础的。

良渚文化的稻作农业已普遍实行犁耕，虽然只是用石犁铧，但总比耒耜的效率要高得多。正是因为有了犁耕，才可能开辟像茅山那样大面积的稻田，才会有莫角山上那样巨大的粮仓，那里被烧毁的稻谷遗存就有数十万斤，这在中国同一时期的史前文化中是独一无二的。如此发达的农业自然可以养活大量非农业人口，包括各种专业的手工业者、权势阶层和神职人员等，大大促进了职业分工和社会地位的分化。亚当·斯密在其著名的《国富论》中说："分工是文明的起点。"对良渚文化来说，这种复杂的专业分工自然也是文明起源的重要标志。

良渚核心地区的高等级建筑和各种巨大工程的建设，需要集中大量的人力物力。在当时的条件下，只有掌握巨大财富和军事力量的贵族集团和他们的首领才能办到。反山、瑶山高等级墓葬所埋葬的应当就是这样的贵族集团。而反山 12 号墓埋葬的死者很可能就是一位王者，我们可以称之为良渚王。王者行使权力要达到无可争议，还必须依靠神力，让大家相信王权神授。

本书在解读良渚玉器时首先注意到精心刻划而十分独特的神像，包括完整的神人兽面像和各种简化的形式。它被刻划在除玉璧以外几乎所有个体较大的玉器上，尤以各种形式的玉琮为最。其中的兽面像很可能是良渚玉器中龙首纹的另一种表达方式。那是一种神圣的徽号，可以称之为良渚文化的神徽。

本书将良渚玉器分为六类，即葬具上的礼仪用玉，反映神权的琮和琮式玉器，反映王权的钺和权杖，反映财富观念的璧，礼仪服饰用玉和礼仪工具用玉，大致是符合实际情况的。说明玉器的使用已经渗透到良渚贵族生活的方方面面，是良渚古国文明的集中表现。

本书在解读良渚玉器的功能时还特别关注考古发现的情景，以了解某些玉器的组装和配伍关系。例如葬具上的礼仪用玉，如果不与埋葬方式和礼仪联系起来考察，单从器形和纹饰上观察是难以确知其用途的。玉钺和权杖的瑁和镦，以及数以百计的小玉粒，如果不是在考古发掘时注意其相互之间的关系，单凭其形状和纹饰是无法确知其功用的。良渚玉器的佩饰中有一种所谓冠状器，因海盐周家浜发现其呈凸榫状嵌入象牙梳顶端，遂被命名为玉梳背。本书注意及此，但仍然保留冠状器的名称。因为冠状器很像神像的冠帽，不仅是实用器，还具有礼制的内涵，这样处理应当是比较合适的。

本书图版编排十分考究，文字说明也颇具匠心。在以前多种良渚玉器图录的基础上又有显著的提高。对研究良渚玉器和良渚文化都是十分难得的好书，相信会得到广大读者的欢迎！

2018 年 7 月 10 日于北京大学蓝旗营寓次

（原载《良渚玉器》，科学出版社，2018 年）

《良渚古城——东亚早期国家》序

　　良渚文化是 1936 年首次发现的，至今已超过 80 年。这个文化的核心部位正是在浙江杭州余杭区的良渚镇附近。开初只是作为一般新石器时代的考古学文化对待，可是到 1986 年一个偶然的机会，由于当地长命乡的制动材料厂打算在一个叫反山的小土堆上施工，省考古所的人员因为发现其边缘有人工堆筑的痕迹，当即制止了施工而进行正规的考古发掘。结果发现了一批高等级的贵族墓葬。单是其中的 12 号墓就出土了 600 多件玉器，包括一件 6.7 千克的大型玉琮，上面刻划着 8 个神人兽面纹，其线条纤细得像微雕，看了简直令人震撼，被称之为琮王。同墓还出土了雕刻神人兽面纹的玉钺以及镶嵌玉件的漆器和多件象牙制权杖。这是前所未见的高等级贵族墓葬，因而被称为王墓。紧接着在 1987 年于反山以东不远的瑶山又发现了一处高等级贵族墓地，其规格仅次于反山，并且是处在一个精心规划的祭坛之上。也是在那一年的末了，因为扩建 104 国道而发现了莫角山遗址。那是一个 30 万平方米的长方形城址，而反山就在它的西北角。当时考古界正在探索文明的起源，这一发现自然引起了极大的关注。2006 ~ 2007 年进一步发现了环绕莫角山和反山的大型城址。在省文物局和文物考古所召开的新闻发布会上，我讲了该城发现的重大学术价值，并且写了"良渚古城，文明圣地"的题词。2009 ~ 2015 年，在良渚古城以西的彭公等处发现了成体系的高低水坝遗址，这是世界级的大型水利工程，而良渚古城的外城墙也逐渐被认识出来。这样一个有宫城、内城和外城的三重结构，已是我国古代都城的滥觞。在整个良渚文化的范围内，还有福泉山、赵陵山、张陵山、寺墩等多处高等级的聚落与墓地。从出土的玉琮、玉钺等重要器物来看，都跟良渚古城有密切的联系，好像后来的州郡所在。这就是一种邦国结构。而不同等级的贵族墓葬和大量平民墓葬的存在，又说明当时已经出现了相当复杂的社会等级结构。因此在良渚文化发现 80 周年的纪念会上明确提出了良渚古国的概念。它是中国最早出现的国家，也是世界上最早出现的国家之一。这个重大的发现完全是由考古工作者一铲一铲地揭示出来的。因为在中国丰富的古代文献中丝毫没有这个国家的记载，连相关的传说也没有。

　　鉴于良渚遗址如此重要，很早就列入了国家级保护单位，后来又被列入世界文化遗产的申报项目。与此同时就要有一个相应的保护规划。陈同滨同志自始至终就主持保护规划的制订，对良渚古城的山山水水和历年的考古发现了如指掌。考虑到良渚古城和古国至今还没有一本综合性的著作，她就欣然命笔。开宗明义题目就叫东亚早期国家，对良渚古城遗址进行了全面的梳理和价值评估，并且与国内外早期城址进行了比较研究。值得关心良渚考古的人仔细和认真阅读。

《石家河发现与研究》序言*

　　1987 年 5 月，我在湖北荆州博物馆张绪球的陪同下，到石家河遗址群考察。这里以前虽然有过三房湾、罗家柏岭等遗址的发掘，但很多基本问题没有搞清楚，因此我决定在这里做些工作。6 月份，我让张江凯代表北京大学考古系同湖北省文物考古研究所和荆州博物馆协商合作事宜，并签署了"关于湖北省天门县石河区新石器时代遗址群的发掘与研究会谈纪要"，由三方联合组成石家河考古队。

　　1987～1990 年，我们先后有过八次发掘，发掘了邓家湾、谭家岭、肖家屋脊、土城等遗址，有了屈家岭文化、石家河文化和肖家屋脊文化时期的许多重要发现。为了进一步探索各个遗址点的性质和相互关系，加强对整个遗址群的总体认识，1990 年我让赵辉和张弛对遗址群进行了一次全面调查勘探，结果就发现了 100 多万平方米的石家河城址。受石家河古城发现的启示，后来在江汉平原和洞庭湖地区又陆续发现了约 20 处同时期的城址，对认识长江中游地区文明起源的意义重大。

　　在这些遗址点中谭家岭是很重要的，因为石家河城的中心区就在谭家岭。那里过去曾经做过一些试探性的发掘。1989 年学生实习又在谭家岭挖出了房子，有单间也有分间，大房子的墙基有 1 米宽，柱洞也很大，那个大房子可能是宫殿式建筑。近几年又在谭家岭挖出一个小城，是油子岭文化的，和大溪文化不是一回事。这个小城是油子岭文化的中心，屈家岭文化以后又在外面修了一个大城，成为屈家岭文化的中心城址，石家河文化继续沿用。所以说石家河城址的中心地位最早是从油子岭文化这个时候奠定

---

　　* 严文明口述，韩建业记录整理。

的，最后到肖家屋脊文化才废弃，这可能与禹征三苗事件有关。尧、舜、禹都去征讨三苗，说明三苗力量曾经很强大。近些年石家河的重要发现，包括印信台的祭祀遗存，那里出土的好多东西在邓家湾已经发现过，还有谭家岭那里属于肖家屋脊文化的精美玉器。

石家河考古这个头开得不错，使我们认识到了江汉地区的重要性，屈家岭—石家河文化时期江汉地区的中心可能就在这里。屈家岭—石家河文化可能就是三苗文化，后来虽然遭到尧、舜、禹的征伐，但文化传统并没有完全中断。后来楚人过去以后大概继承了三苗的一些传统，形成了特色浓厚的楚文化。曾侯乙墓的发现曾经是湖北考古轰动性大事件，把中国音乐史的很多事情都弄明白了，曾就深受楚的影响。湖北的重要发现还有盘龙城和铜绿山等，对中国青铜冶铸的认识离不开铜绿山。从新石器时代的油子岭文化、屈家岭文化、石家河文化，到楚文化，都和中原等地有一定差异，按照我的说法，这就是长江文明，它的基础是稻作农业。稻作农业与旱作农业有区别，稻作农业更加稳定，种植一片稻田不容易，需要耗费大量的时间和精力进行管理，需要灌溉、排水、平地等，所以稻作农人很稳定，社会比较稳定。相比而言，旱作农业的管理方式比较粗犷。不同的耕作方式也影响了人的性格，南方人的性格更为细腻，所以较高等级的手工业品很多都出在长江流域，像楚文化出土的那么高端精细的丝织品、漆器等，在北方是不容易找到的。也正因为楚文化有这么好的底蕴，才能产生像屈原那么伟大的浪漫主义诗人。

石家河遗址群非常重要，是认识长江文明的关键，石家河的田野工作需要一代代人持续做下去。

（原载《江汉考古》2021 年 1 期）

《中国彩陶集锦》序

世界上有三大陶器起源中心，中国起源最早也最发达。

世界上有三大彩陶起源中心，同样是中国起源最早也最发达。

在中国彩陶的四大系统和五大亚系统中，以甘肃为主的西北亚系统彩陶数量最多，内容也最复杂。甘肃的高润民同志以无比的毅力，积数十年的努力，收集了大量陶器资料，出版了大型的《中国史前陶器》图录。继而又不遗余力专门收集彩陶资料，数量之巨达数千件。如何编排如此众多而复杂的彩陶资料，曾经多次向我咨询。我也不揣冒昧给予指点。现在呈现于读者面前的十大卷彩陶，编排上从早到晚，每一时期又按不同的考古学文化和器物类型，条理分明；文字描述不但注意准确，而且富于文采，把学术性和艺术性巧妙地结合在一起。既是一部学术著作，又是一部史前艺术的画廊。希望这个世界上最丰富的彩陶宝库能够早日与世人见面。

2020 年 5 月 1 日于蓝旗营

《卢连成学术文集》序

连成将他的学术论文与考古发掘简报等汇集成书，命我作序。老朋友虽多年不见，却不时感念。能为文集的出版写几句话，自然非常高兴。

连成原来是在陕西宝鸡市工作的，著名的弭国墓地就是他在那时发掘的。1976年陕西周原大规模考古发掘时，他在沟东扶风的召陈跟俞伟超在一起发掘西周时期的礼制性建筑，我在沟西岐山的凤雏发掘西周的宫庙基址。我们经常相互观摩切磋，知道他是一位很细心认真的学者，对西周历史也比较熟悉。此后他一人留在召陈继续发掘多年，每次到北京来，他都将发掘的情况向我介绍并相互交流看法。后来他调到北京中国社会科学院考古研究所，见面就更方便了。他从事考古研究的领域随之也有所扩展。不但发掘了沣西张家坡井叔墓地，出版了《张家坡西周墓地》大型考古报告。还同李零与陈平发掘了凤翔西高泉70多座秦墓。在当时考古研究所所长徐苹芳主编的《中国文明的形成》一书中，我们还共同编写了其中的第六章《中国青铜时代和三代社会》，我写了第二节，其余四节都是卢连成写的，我们的学术思想是相通的。后来他离开了考古研究所，我们就很少联系了。经过这么多年，他还记得我，命我为他的文集作序。我就回忆我们的交往，叙叙旧情，聊以为序！

2020年5月10日

《临潼康家——客省庄文化聚落遗址发掘报告》序

20 世纪 50 年代，苏秉琦和吴汝祚两位先生在西安附近进行考古调查时，于长安县客省庄调查发现了一座西周墓葬打破一个袋形坑，后者又打破一个仰韶文化的灰坑。袋形坑中的文化遗存是一个新发现，无以名之，暂依其地层关系的先后名为"文化二"，后来被正式命名为"客省庄二期文化"或"客省庄文化"。该文化主要分布在陕西关中平原和陇东地区，仅在关中平原发现这个文化的遗址就有几十处。其中的康家遗址位于关中地区东部的临潼县，是客省庄文化的一座大型村落遗址，面积达 19 万平方米。从 1982 年开始，西安半坡遗址博物馆曾有过 2 次考古发掘。1985～1990 年，陕西省考古研究所又先后做过四次发掘，总共清理出客省庄文化的房屋建筑 285 座，这也是目前所知客省庄文化中规模最大、出土房屋数量最多的聚落遗址，其重要性不言而喻。

康家遗址在发掘过程中，我虽然没有去发掘现场，但知道很重要，特请李水城代表我去过发掘工地考察。1987 年，参加康家遗址发掘的秦小丽考入北大考古系研究生班，她在我布置的作业中，对康家遗址的出土陶器做了类型学研究，后来在我指导下又撰写了硕士毕业论文《试论客省庄文化的分期》。1995 年，这篇论文的主要内容发表在《考古》杂志上。

康家遗址的发掘已经过去 30 年了，至今只是发了几篇简报。刘莉在 2007 年出版的《中国新石器时代——迈向早期国家之路》一书中曾对康家房屋中的动物遗存进行所谓夸富宴的研究。直到前不久才得知，陕西省考古研究院与复旦大学以合作的形式由秦小丽负责对康家遗址发掘资料进行整理并编写和出版发掘报告，听到这个消息我感到非常欣慰。

希望这部考古报告的出版能扭转客省庄文化聚落研究的薄弱局面，进而推动学术界对客省庄文化与周边地区，特别是西北地区文化关系的研究。

2020 年 11 月 1 日

为《古都郑州》题词

炎黄缔华夏
中原一朵花
重瓣放异彩
夏商定天下
汤亳今何在
考古未探查
潜心保护好
古都在脚下

"古都郑州"创刊十周年志庆

严文明 二〇〇三年仲秋

为《中国史前陶器》题词

中國在世界上最早發明了陶器，史前陶器種類繁多，造型複雜，功能齊全，製造技術精湛，在世界史前陶器中無出其右，更為瓷器的出世準備了充足的條件，使中國成為著名的瓷國，西文中國China本義就是瓷的意思。

嚴文明題 2014.10.2.
歲次甲午重陽佳節

（原载《中国史前陶器》，东方出版社，2017年）

在学知书院致辞

北京联合大学创立"学知书院"是办了一件大好事。自古以来，"书院"就是读书人的家园，在当今价值观念多元化的信息化社会，为青年学子打造一个读书的殿堂，让一心向学的人有所依托，是一件很有意义的事情。读书人图史自镜，道义为田；学而不厌，诲人不倦；老者安之，少者怀之，乃是一种高雅的境界。北宋横渠书院提出"为天地立心，为生民立命，为往圣继绝学，为万世开太平"的宏大誓愿，明代东林书院标榜"风声雨声读书声，声声入耳；家事国事天下事，事事关心"的家国情怀，都表明好的书院能够净化社会风气，引领时代先锋。希望我们的"学知书院"办成有志青年的精神家园。同学们，让我们走进书院，走入学海书山，走向美好的明天！

2015 年 5 月

叁 流水年华

履历表

亲属：

祖父章谦（1876.11.18～1928.2），又名师德，少陵，业医。

祖母王安秀（1894～1956.3.17）。

父亲其森，又名润芝（1915.11.6～1950.12.7），业医。

母亲周琼英（1914.10.3～1982.9.23）。

叔父其嵩（1918.8.8～1991.9.1），小学教师，校长。

姑母春之（1922～1942?）。

姑父谢海云。

大舅周伯龙。

二舅周仲权。

大妹芙蓉（1934～1944）。

二弟文思（1937.8.17～），湖南师范大学物理系毕业，大专教师，校长。

三弟文光（1940.2.13～），农民，民间诗人。

四弟文才（1943.5.24～），农民，县政协委员。

小妹牡丹（1947.3.17～），又名立华。

个人简历：

1932 年 10 月 14 日，出生于湖南省华容县严家湾。

1934 年 大妹芙蓉出生，1944 年因病早逝。

1937 年 8 月 17 日，二弟文思出生。

1938 年秋至 1942 年春，在张家大屋场国民小学上初小，老师张善云。

1940 年 2 月 13 日，三弟文光出生。

1942 年春，姑母春芝久病后去世，时年约 20 岁。

本年下学期在新河口五合乡中心小学上高小五年一期。

1943 年 3 月 10 日，日寇侵占华容县城，家人四散逃难。我跟着母亲先在东湖岸边的白鹿圻周家姑婆家暂住，后到潘家屋场从罗原道叔父读小学及古文。

1944 年春，因华容县政府临时迁往注滋口，父亲在县教育科任职，带我到注滋口小学上学，并在严复兴酒店寄宿。下学期在蓼蓝窖东岳庙师从堂伯父严粲然读小学和古文。

1945 年春，设家塾，延聘罗原道叔为师，读诗书、古文。

下半年赋闲在家，参加农业劳动、放牛等。

1946 年，在新河口的五合乡中心小学读六年级至毕业。

1947 ~ 1949 年，考入华容县立初级中学直至毕业。期间每年暑期在松树岭从罗原学叔学习古文和四书五经。

1950 年上学期在宋家嘴华容县第五完全小学教书，这是我第一次当老师。

1950 年下学期至 1953 年上学期，在湖南省立第一中学 56 班上高中（后该校改为长沙市第一中学），我在高 1 班上学。

1952 年初寒假期间在长沙市郊文艺区参加土地改革复查。

1953 年下学期至 1958 年上学期，在北京大学历史系考古专业学习。

1956 年 7 ~ 8 月间跟随裴文中和吕遵谔先生到内蒙古赤峰和林西等地进行考古实习。

1957 年 9 月至 1958 年 2 月，在宿白和邹衡先生指导下，去河北邯郸涧沟和龟台等地，进行全面的田野考古基础实习。

1958 年 9 月，在北大历史系考古专业毕业并留校任助教，教授新石器时代考古。本学期主要整理邯郸龟台寺考古资料并编写发掘报告。

1959 年 2 月，原定去陕西华县带领学生进行田野考古实习，因突发胃穿孔大出血，随即做手术后住院医疗一个月。病后继续整理龟台资料，并与邹衡和俞伟超合写《1967 年邯郸发掘简报》，发表于《考古》1959 年

10 期。

9～12 月，开始教新石器时代考古课程，实际上是与 57 级学生共同编写新石器时代考古讲义，我负责写了"长城以北的细石器文化"和"龙山文化"两章。

1960 年 3～7 月，与李仰松和夏超雄带领 57 级学生赴洛阳实习，发掘王湾新石器时代遗址。

1961 年上学期修改新石器时代考古讲义，同时与俞伟超合作写"中国考古学导言"，未出版。

下学期给 58 级正式开始讲授新石器时代考古学。

1962 年 6 月，中国新石器时代考古油印本完成，下学期与高明、夏超雄、李伯谦等赴河南安阳指导 59 级进行田野考古实习，并讲授田野考古方法。

1963 年 2 月，写出《从王湾看仰韶村》，7 月写出《西阴村史前遗存分析》，都是在修改新石器时代考古讲义的过程中完成的。

下学期带领 59 级张万仓等赴甘肃兰州实习，发掘青岗岔半山期房址并整理兰州雁儿湾、西坡岘、白道沟坪和武威皇娘娘台等遗址的资料。

12 月至 1964 年 1 月，赴北京通县骚子营参加"四清"工作。

1964 年 5 月 1 日与王秀莲结婚。借 44 斋一间房住三个月，期间写出《论庙底沟仰韶文化的分期》。

5 月，我于上年完成的《中国考古学之二·新石器时代》红皮铅印本印行。

6 月，我与张忠培商量后写出《三里桥仰韶文化的性质与年代》，在《考古》1964 年 6 期发表。

12 月，分到朗润园 12 公寓 203－3 一间 11 平方米的住房。同月赴北京朝阳区北甸参加"四清"工作。

1965 年上半年在顺义天竺参加"四清"。天竺是公社所在，"四清"团长齐记。我和蔡少卿、叶昌纲在大队部。高明和邵华在八队，郝斌和李讷在十队。

3 月 25 日，女儿一苹出生。

我写的《论庙底沟仰韶文化的分期》在《考古学报》1965 年 2 期发

表。据说此文得到夏鼐先生的称赞。

12 月，去昌平县小汤山附近的后牛坊参加"四清"工作队，这是第四次参加"四清"。

1966 年 3 月因疑似肝炎从昌平回校，在校医院住院约 40 天。

4～5 月，因"战备"需要，同阎文儒先生等一道整理考古标本，定做了一批锦匣和木箱，准备紧急时运往陕西汉中三线。因"文革"爆发未果。

6 月 1 日，《人民日报》发表聂元梓等 7 人于 5 月 25 日张贴的大字报，"文化大革命"爆发，一切正常工作都停摆了。

11～12 月，我同李玉和陈秉才到南京、上海、杭州和广州大串联。

下半年秀莲参加第二传染病医院组织的下乡医疗队。

1967 年，学校成立新北大公社和井冈山两大群众组织，天天打派仗。

1968 年 9 月 20 日，小儿严松出生。

1969 年 10 月 26 日，北大教师一千多人到江西鄱阳湖边的鲤鱼洲干校劳动，我同历史系和哲学系的教师一起被编在八连。

1970 年 10 月 26 日，我同宿白、吕遵谔和范经家先期回校。学校招收了首批工农兵学员，在宣传队领导下各系自办食堂，自搭猪圈养猪并开荒种菜，我当了历史系的事务长管理这些杂事。冬天又在宣传队领导下带着行军锅等跟全系教师一起到北京郊区的密云、平谷等县的山区野营拉练。

1971 年 8 月 31 日晚上，因劳累过度，引发胃病复发，大出血！随即送北医三院抢救。并做了次 3/4 胃切除的手术。出院后因营养跟不上长期低血糖，经常晕厥。

1972 年 9 月，考古专业开始招收工农兵学员，考古教研室恢复工作，我暂时任副组长，负责制定教学计划。应教学需要编写教材，要求简明扼要，不久即完成了分五册一套蓝皮铅印的中国考古学教材。其中新石器时代部分由我和李仰松执笔。

1973 年 1 月，我同几位教师先后到石家庄、郑州、武汉等地参观学习并征求对新编考古学教材的意见，普遍反映太简单，不像大学教材。

全国"反右倾"回潮，我和俞伟超也受到批判。一是制定的教学计划太保守，二是不应请"资产阶级专家"苏秉琦回来任教研室主任。

9 月 21 日,我被调入学校组织的"全国批孔动态研究组"收集批孔情况供"梁效"(即清华、北大两校)大批判组使用。

1974 年春季,与吕遵谔、李志义、赵朝洪和工宣队苗某带领 73 级工农兵学员到湖北宜都红花套进行田野考古实习,之后到武汉、长沙等地参观。

1975 年春季,带领 74 级工农兵学员到湖北江陵纪南城实习。开始发掘 30 号台基,参加发掘的还有湖北、湖南、上海的文物考古部门和厦门大学考古专业的师生,是一场大会战。先是由我主持,大约一个月后由俞伟超主持,我则带领学生发掘纪南城东边的毛家山大溪文化遗址。之后到荆州博物馆整理松滋桂花树大溪文化墓地的资料。

9 月 7～13 日,赴承德避暑山庄出席"北方边疆各省区考古座谈会"。我提交论文《马家窑类型是庙底沟类型的继续和发展》。后来由金冲及改题为《从马家窑类型驳瓦西里耶夫的中国文化西来说》,发表于《文物》1976年 3 期,署名为连城考古发掘队。

1976 年春季同俞伟超、权奎山带领 75 级工农兵学员到陕西周原进行考古实习,同时主办亦工亦农考古训练班。我在岐山县一边,俞伟超、权奎山在扶风一边。我先是负责发掘贺家西周墓地,之后负责发掘凤雏遗址,发现一座完整的西周宫殿基址。

7 月初,我和李志义赴青海西宁省文物工作队联系 76 级工农兵学员考古实习事宜。并先后到共和、龙羊峡和贵南,最后确定发掘贵南尕马台等遗址。

9～12 月,同俞伟超合作招收考古进修班学员 30 名,直接带领到陕西周原考古实习。我带一半学员继续发掘岐山凤雏西周宫殿基址。俞伟超带领另一半学员继续发掘扶风召陈西周宫殿遗址。同时给学员讲授田野考古课程。我讲遗址发掘的地层学方法和室内整理的类型学方法,俞伟超讲墓葬的发掘方法和考古遗址调查的方法。

1977 年春季我负责组织考古进修班的各类课程直至结业。

10 月 8～17 日,去南京参加长江下游史前考古学术讨论会,提交论文《论青莲岗文化与大汶口文化的关系》。会后去无锡、苏州、杭州等地参观。

1978 年 5～7 月,带领 76 级工农兵学员去山东,在曲阜孔庙整理中国社会科学院考古研究所山东队发掘的兖州王因部分墓葬资料。

8月13～20日，赴江西庐山参加中国南方印纹陶学术讨论会。之后赴南昌、福州、泉州、厦门、广州等地参观访问。

《文物》1978年10期发表我的《甘肃彩陶的源流》一文，说明甘肃史前的彩陶是由陕西关中向西波浪式地推进，直到甘肃河西走廊的西端。是西去而不是西来，但没有批判西来说。

1979年2～4月，应四川大学历史系邀请，去该校考古专业讲授中国新石器时代考古。之后由年轻教师冉光渝陪同赴昆明、贵阳和重庆等地参观。

8月，赴山东烟台，为准备学生的考古实习，在韩榕和李步青陪同下考察了烟台地区的许多新石器时代遗址。

9～12月，与赵朝洪、李平生带领76级工农兵学员赴烟台实习，先后发掘了福山邱家庄和牟平照各庄遗址。韩榕和李前庭参加辅导。照各庄遗址的文化面貌单纯，基本上与平度东岳石遗址的文化相同，因此我主张命名为岳石文化。

本年发表《大汶口文化居民的拔牙风俗和族属问题》，载《大汶口文化讨论文集》（齐鲁书社，1979年）。通过一种特殊风俗的解读以探索东夷的起源问题。

1980年2月，母亲一人来京，9月又一人回老家湖南华容。时间太短，总觉得没有尽到做儿子的孝心。

9～10月，去烟台，地区专员派了一辆北京吉普，在韩榕、李步青陪同下调查了莱阳、莱西、黄县、海阳一大批新石器时代遗址。12月又带领佟伟华、安家瑶、严进军去长岛调查了史前遗址，决定下年发掘大黑山北庄遗址。

应巩启明邀请试图解读他历时十年发掘的陕西临潼姜寨一期村落布局，写成《姜寨早期村落布局及其所反映的社会组织结构》，与巩启明合署发表于《考古与文物》1981年1期。我认为社会的发展首先是所有制的发展而不是男女社会地位的变迁，考古资料也难以讨论母系父系的问题。通过聚落形态的考察可以较好地了解社会组织和社会性质。这篇文章是一个开始。

1981年，在《文物》1981年6期上发表《龙山文化与龙山时代》，这是我酝酿了很长时期的想法。什么山东龙山、河南龙山等等叫得太乱了。

实际上是代表一个重要的社会转型时期。各地的情况有所不同，因此要处理好时代和地方文化的关系。这篇文章是一个尝试。

9~12月，与高崇文、王树林、马洪藻带领考古79级全班30名学生发掘栖霞杨家圈遗址，并派赵朝洪带领研究生佟伟华和78级几名同学发掘长岛北庄遗址。

9月23日，母亲病故，我在实习工地，无法奔丧尽孝，难过极了！

1982年，主持长岛考古，派张江凯带领部分78级学生发掘北庄遗址。同时试掘珍珠门和北隍城山前遗址。

在《农业考古》1982年1、2期上连续发表《中国稻作农业的起源》，这是我探索中国农业起源的开始。

1983年3月12日，妻王秀莲从第二传染病医院调入海淀妇产医院任护理部主任。

6月，晋升副教授。

7月11日，北京大学考古系正式成立，宿白任系主任，我和吕遵谔任副系主任。

7月26~29日，出席在辽宁省朝阳市由苏秉琦主持的"燕山南北长城地带考古座谈会"并发言。

8月，应黑龙江省文管会和博物馆邀请，赴哈尔滨为黑龙江省文物干部培训班讲课，同行有李伯谦和赵朝洪，我讲"中国新石器时代考古"。

我主持的全国社会科学"七五"重点项目"胶东新石器时代和青铜时代文化谱系研究"获得批准，并以此进行东夷文化的探索。

9~12月，派张江凯带领81级学生发掘长岛北庄遗址，又与烟台王锡平合作发掘烟台芝水、乳山小管村和南黄庄遗址，并派研究生吴玉喜发掘益都郝家庄岳石文化遗址。

1984年3月5~14日，赴成都参加国家文物局主持的全国考古工作汇报会。

4月30日~5月5日，在北京出席由中宣部和文化部召开的全国文物工作会议。

5月，整理翦伯赞《中国史纲》第一卷《史前史》，1990年北京大学出版社以《先秦史》的名称单独出版。

6月21～26日，赴湖南衡阳出席湖南省考古学会第二届年会。

7月，赴山西太原联系与省文物考古研究所签订"关于联合开展晋文化及其渊源研究"的协定，决定首先重点合作发掘天马—曲村遗址。

7月23日，从太原去西安参观。

8月4～9日，赴内蒙古呼和浩特参加内蒙古西部原始文化学术讨论会。

9月20～25日，赴石家庄参加河北省考古学会成立大会并做学术报告。

10月，赴山东，又赴吉林长春，又赴兖州。

12月14日，北京大学文物爱好者协会在大饭厅召开成立大会，我和苏秉琦先生做报告，表示祝贺与期望。

1985年3月19日～4月5日，赴广东，在朱非素等陪同下调查珠海淇澳岛后沙湾等遗址。然后到深圳稍事休息，转赴粤北考察曲江石峡、翁源青塘、英德牛栏洞等遗址。

发表《夏代的东方》，载《夏史论丛》（齐鲁书社，1985年）。明确岳石文化即是夏代东夷的文化。

10月1～5日，赴辽宁兴城与苏秉琦、俞伟超、张忠培、郭大顺住八一疗养院，讨论编写《中国通史·远古时代》问题。

11月5～10日，赴河南渑池县参加"纪念仰韶村遗址发现65周年学术讨论会"，发表《纪念仰韶村遗址发现65周年》长篇讲话并参观仰韶村遗址。会后赴洛阳重访王湾遗址，到偃师参观二里头和尸乡沟商城遗址，又到伊川调查土门等遗址。

1986年3月30日～4月5日，赴云南昆明参加全国考古工作汇报会。

6月18日～7月7日，应美国科学院的邀请，由中国社会科学院组织历史所、考古所和北京大学、吉林大学、四川大学和云南民族大学的有关学者，到美国弗吉尼亚州艾尔莱庄园参加"中国古代史与社会科学一般法则"国际学术讨论会。我宣读《中国史前文化的统一性与多样性》，提出重瓣花朵式结构的概念，认为这一结构对往后中国的发展具有决定性的意义。之后去纽约、华盛顿、波士顿和旧金山等地参观。7月14日是美国国庆节，在旧金山体育场看垒球比赛。

1987年8月28日～9月15日，应邀参加在联邦德国美因兹市召开的第11届史前与原史学国际联盟会议，我在大会上发表《中国新石器时代聚落形态的考察》讲话，对中国史前聚落的演变及其对社会发展的影响进行了全面的梳理。之后又接受了电视台采访。同时在联盟理事会上被选为该联盟理事。会后参观诺维特旧石器时代遗址、博物馆及雷山哥特人城堡，然后到特里尼尔参观罗马竞技场和马克思故居。

10 月，去长沙参加湖南省考古学会年会，然后去张家界游玩。

12 月，由李水城陪同去浙江考察良渚莫角山遗址。

1988 年 3 月 7 日，校方派郝斌和张学书来考古系宣布我接替宿白先生为考古系主任。

8 月，与李伯谦一同去内蒙古凉城县老虎山。

10 月，应日本考古学协会会长江上波夫及樱井清彦邀请，参加该会静冈年会。做题为《中国稻作农业的起源与展开》的基调讲演。会后到东京、京都、奈良、福冈、北上和盛冈等地参观访问。

10 月 26 日，在北京图书馆参加"纪念殷墟发掘六十周年座谈会"，王湘、张政烺、胡厚宣等老先生参加，我和邹衡先生也都有发言。

11 月 5~9 日，赴西安出席陕西省考古研究所与半坡博物馆成立 30 周年学术讨论会，我代表北京大学考古学系致祝贺词，并做"再论中国稻作农业的起源"的学术报告。

12 月，赴安徽合肥出席省文物考古研究所成立 30 周年暨安徽地区考古学文化讨论会，并做"安徽新石器时代文化发展谱系的初步考察"的报告。

1989 年 5 月初，在北京出席由中宣部和文化部召开的全国文物工作会议。

5 月 15~20 日，赴长沙出席中国考古学会第七次年会，并当选为第三届理事会常务理事。

5 月 22 日，到湖北荆州，约荆州博物馆张绪球等到天门石家河视察考古实习工地，同时召开队长会议，总结前阶段的工作并部署下阶段的任务。

5 月 29 日，应邀赴武汉大学，在历史系主持评审考古专业硕士点事宜。

7 月，国家文物局设考古专家组，我被聘为专家组成员。

8 月 12~18 日，赴内蒙古凉城县老虎山考古基地，出席"内蒙古中南部原始文化研究暨园子沟遗址保护科学论证会"，做"内蒙古中南部原始文化的有关问题"和"内蒙古史前考古的新阶段"的学术报告。

8 月，应邀出席在美国西雅图举行的"环太平洋史前考古国际学术讨论会"，并提交论文。因故未能出席，论文由代表宣读，并收入会议论文集。

9 月初，应邀出席在印尼日惹举行的"第十四届印度—太平洋史前协会年会"，并提交了"中国最早的稻作农业遗存"（英文稿）的论文，因故未能出席，论文由代表宣读，并收入会议论文集。

10 月，代表北大考古系与清华化学系签订古陶瓷合作研究协议。

10 月，拙著《仰韶文化研究》由文物出版社出版。

11 月，应邀出席在日本大阪经济法科大学举行的"东亚社会与经济国际学术会议"，并提交了"中国史前稻作农业遗存的新发现"的论文，也因故未能出席，论文已被收入会议论文集。

1990 年 10 月 5 日，国务院学位委员会确定我为第四批博士生导师。

10 月 24 日，被任命为国家社科基金考古学科评议组副组长。

（90）校发第 0186 号通知任命我为校学术委员会委员。

1991 年 2 月 1～10 日，应日本大阪府教育委员会邀请参加和泉市大阪府立弥生文化博物馆开馆典礼及东亚稻作农业的流传与弥生文化的成立国际学术讨论会，我于 2 月 3 日做"中国稻作农业的起源和传播"的报告，引起热烈的讨论。

6 月 18 日，德国考古研究院院长来信，告知我已被选为该院的通信院士。

9 月 28 日～10 月 7 日，弟弟文思、文光等 11 人来京提前为我祝 60 岁寿辰。

10 月 12～16 日，赴济南参加纪念城子崖遗址发掘六十周年国际学术讨论会，我做了"龙山时代考古新发现的初步思考"的报告。

10 月 31 日～11 月 8 日，应日本大阪经济法科大学校长川久保公夫邀请，参加第二届东亚社会与经济国际学术讨论会。11 月 1 日做题为"中国史前研究的现状与课题"的报告。随后访问该校及奈良法隆寺、京都平安神宫和三十三间堂等名胜古迹。5 日去东京，住早稻田大学奉仕园。6 日在早稻田大学做"中国铜石并用时代的考古新发现"的报告。7 日去镰仓参观游览。

12 月 2 日，赴广州，住白天鹅宾馆。4 日参观佛山祖庙和石湾陶瓷厂。

5～9日去中山市翠亨村参观中山故居，然后参加"珠江三角洲古文化学术讨论会"，9日做"华南史前考古的几个问题"的报告，提出要注意从更新世到全新世海面上升时期对史前文化的影响。

12月10～11日，住中山温泉，12～13日经珠海到深圳，调查大梅沙遗址。14～15日去三水县，调查银洲贝丘遗址并确定考古发掘。

12月16日，回广州，去中山大学做学术报告，题为"中国文明起源研究的几个问题"。

1992年5月，参加由国家教委召开的第二届全国优秀教材评审会议。

5月25日～6月1日，参加国家文物局组织的专家组，赴长江三峡考察库区文物情况，以便为今后大规模的发掘或搬迁保护等措施作规划准备。

7～8月，应中国人才培训中心邀请赴北戴河为其举办的文物博物馆人员培训班讲授考古学相关专题。我讲的题目是"关于史前聚落考古的方法问题"。

8月，赴内蒙古呼和浩特市，出席"北方草原古代民族与考古学文化国际学术讨论会"，代表中国考古学会和北京大学考古学系致辞，并做学术总结发言。

8月，赴石家庄出席"第四次环渤海考古国际会议"，做题为"关于环渤海考古的几个问题"的学术报告。

11月11～25日，应邀赴韩国出席圆光大学举办的"东北亚古文化讨论会"，发表了题为"东北亚农业的发生发展与传播"的讲演。会后参观访问了庆州、釜山等地的古迹、遗址、博物馆和东亚大学等。

12月10～18日，赴广东三水银洲遗址指导考古发掘。

12月19～25日，赴上海，出席在复旦大学由国家教委召开的"八五"社科基金评审会，并担任考古学组组长。

12月25～30日，赴浙江杭州，再次考察良渚莫角山大型建筑遗址。

1993年2月，为中国历史博物馆考古培训班讲授"中国新石器时代考古"，为期三个月。

3月18日，赴广东珠海，出席"全国考古工作汇报会"，并做"关于聚落考古的问题"的报告。

5月21日，在北京大学考古系主办的"迎接21世纪的中国考古学国际学术讨论会"上，做题为"走向 21 世纪的中国考古学"的主旨讲演。

7 月 14～19 日，赴西安出席由陕西省考古学会和台湾太平洋文化基金会联合主办的"周秦文化国际学术讨论会"，做"周原凤雏的考古发掘方法"的报告。

7 月 23～30 日，应日本佐贺大学邀请，参加"东亚稻作农业的起源和传播"国际学术讨论会，做"中国稻作农业的起源"和"黄淮流域的古代稻作文化"的学术报告。

8 月 10～22 日，赴内蒙古赤峰市出席"中国古代北方文化国际学术讨论会"，做题为"中国古代文化三系统说——兼论赤峰地区在中国古代文化发展中的作用"的讲话。会后参观了敖汉旗兴隆洼、大甸子和辽宁小黑石沟、辽中京、凌源牛河梁、阜新查海、沈阳新乐等处。

9 月 4 日，美国著名农业考古学家马尼士一行来我校商谈农业考古合作事宜，决定成立中美农业考古队，双方协议在江西万年仙人洞等地开展为期三年的考古工作以探索稻作农业的起源。我和马尼士作为双方队长在协议上签字。

10 月 7～11 日，应日本福冈市教育委员会邀请，出席在福冈市博物馆举行的"从环壕集落到宫室的成立国际学术研讨会"，做题为"中国环壕聚落的演变"的演讲。

10 月 28 日，应洛阳市文物工作队邀请，出席"洛阳皂角树遗址考古发掘及环境考古研究座谈会"，之后又去渑池县出席"渑池仰韶村遗址保护与开发研讨会"，为期一周。

11 月 24～30 日，赴山东济南市，出席中国考古学会第九次年会，我于28 日在全体会上讲话。

1994 年 1 月 17～26 日，应台湾"中央研究院"历史语言研究所邀请，赴台北出席海峡两岸历史学与考古学学术交流研讨会，同行有张政烺、胡厚宣、宿白和石兴邦等 10 人。我于 19 日做"龙山时代城址的初步研究"的学术报告。21 日到台湾大学人类学系参观和座谈。之后在湖南饭馆与先父好友徐国风等十多人聚会，见了这么多长辈，倍感亲切。

1 月 26～29 日，应香港中文大学中国文化研究所所长陈方正邀请访问该所，并在饶宗颐先生主持下做"中国文明起源的几个问题"的学术讲演。

2 月 25～28 日，应邀赴杭州出席"良渚遗址群的保护问题"专家座谈会，并被聘为浙江省文化厅和省考古所顾问。

3 月 5～12 日，应甘肃省文物考古研究所邀请，赴兰州指导整理秦安大地湾遗址考古发掘资料，并做考古资料整理方法的学术报告。

4 月 22～25 日，赴浙江余姚出席"河姆渡文化国际学术讨论会"，并做学术总结报告。

7 月，出席由国家文物局在京召开的"三峡水库淹没区地下文物考古发掘汇报会"。

9 月 6～7 日，出席在北京召开的"东方文化与社会发展国际学术研讨会"，做题为"中国农业文化的传播对日本早期社会发展的影响"的报告。

9 月 26～30 日，应日本福冈市教育委员会邀请出席"东亚文明的起源讨论会"，做题为"中国王墓的出现"的学术报告。

11 月 9 日，赴河南郑州西山参加国家文物局考古领队培训班的考核工作。

与张忠培等合作编写的《远古时代》，作为白寿彝主编的《中国通史》第二卷，由上海人民出版社 1994 年出版。

1995 年 1 月 1～8 日，赴浙江东北部与日本上智大学的量博满调查史前遗址，寻找发掘地点。

4 月 11 日，与李伯谦等出席中国考古学"九五"规划会议。

5 月 6～12 日，赴石家庄出席全国考古工作汇报会，并做"中国农业起源研究的新进展"的报告。

7 月 15～20 日，赴长春参加国家教委召开的社会科学优秀成果评奖会，我的《仰韶文化研究》获二等奖。

8 月 22～25 日，去房山县出席"北京建城 3040 年暨燕文明国际学术研讨会"，并致闭幕词。

11 月 12～21 日，赴新疆吐鲁番参加由国家文物局组织的交河故城保护方案论证会，会后参观高昌故城及库车克孜尔石窟等。

应邀撰写《高校"八五"科研规划咨询报告——考古学》，发表于高等教育出版社出版的《人文社会科学研究现状与发展趋势》，1995 年 10 月。

1996 年 3 月 4～29 日，应邀赴日本京都访问国际日本文化研究中心，出席"稻作起源与环境考古"国际学术讨论会,做"史前稻作农业研究的新进展"的学术报告。

4月21~28日,应成都市文物工作队邀请,考察成都平原的新津宝墩古城、郫县古城、都江堰芒城等六座史前城址。

6月7~10日,赴上海出席由汪道涵主持的"中日东方思想研讨会",做题为"稻作农业与东方文明"的发言。

8月4~6日,赴辽宁绥中出席由《文物》杂志编辑部组织的"史前城址与聚落考古"学术研讨会,我做题为"聚落考古与史前社会研究"的发言。

10月31日~11月4日,应日本宫崎大学邀请,出席"中国草鞋山古代稻田考古研讨会"和"国际稻作文化讨论会",做题为"稻作农业的起源"的讲演。

11月5~10日,应韩国东亚大学的邀请,出席该校建校50周年庆典暨"东亚都城国际学术讨论会",做"中国都城的起源和早期发展"的学术报告。之后参观考察了釜山和大邱等地的史前遗址。

11月29日~12月3日,赴郑州出席郑州大学考古专业成立20周年庆典,并做学术报告,同时被聘为郑州大学兼职教授。

12月12~17日,应日本奈良县邀请,出席在该县召开的"农业与文明国际学术研讨会",做题为"稻作农业起源研究的新动向"的发言。

1997年3月2~7日,应邀赴西安在陕西省考古研究所做史前考古的系列讲座,讲了五讲。

9月5~7日,同黄景略一道赴山东章丘,考察省考古所发掘的西河后李文化居住遗址。

10月3日,应国际日本文化研究中心所长河合的邀请,作为客座教授在该中心从事研究,为期九个月。

11月,赴贵州省贵阳市出席全国考古工作汇报会,会后返回日本。

12月17日,赴奈良,出席"和之国国际学术研讨会",与高崇文共同提交论文,题目是"埋葬习俗与中国古代文明"。出席会议的有英国伦敦大学的Peter Ucko,美国密西根大学的Kent Flannerry和日本的樋口隆康等著名学者。

1998 年 1 月，《史前考古论集》由科学出版社出版。

3 月 5 ~ 9 日，从大阪乘飞机到冲绳那霸，访问首里、中城城和琉球村等琉球古迹和民俗。

3 月 18 日，在国际日本文化研究中心主持"稻作、陶器和都市的起源国际学术研讨会"，并做基调讲演。

4 月 30 日~ 5 月 12 日，游西欧。4 月 30 日偕夫人从大阪国际机场乘飞机赴比利时布鲁塞尔，儿子严松在该市自由大学读硕士。他接我们先后游览比利时布鲁塞尔市区和著名的滑铁卢等地。5 月 3 日去荷兰阿姆斯特丹、海牙和世界第一大港鹿特丹等处。5 月 5 日去卢森堡。5 月 8 日去法国巴黎，参观巴黎圣母院、凡尔赛宫和卢浮宫等处，并登上埃菲尔铁塔观赏巴黎市容。

5 月 15 ~ 16 日，赴东京，去世田谷美术馆参观中国四川三星堆文物展览，并出席相关学术研讨会。

6 月 3 日，在龙谷大学任教的徐光辉接我去该校参观游览并做学术报告。

6 月 7 日和 20 日，和梅原猛对谈长江流域稻作农业起源和文明起源问题。

6 月 10 ~ 14 日，东京大学的大贯静夫陪同我访问北海道首府札幌和千岁市周沟墓遗迹等，然后去北部沿海常吕的东京大学考古实习基地，又到知床半岛国家公园等处游览。

8 月 14 ~ 18 日，赴山东长岛。重访大黑山北庄遗址，并把"北庄史前遗址博物馆"的题字交给郭贤坤，然后乘船到各岛考察，直到最北的北隍城岛考察山前遗址等。

9 月 27 ~ 30 日，赴浙江桐乡普安桥考察考古工地，同时开队长会总结工作并部署发掘报告的编写事宜。

10 月 6 日，以学生为主的年轻朋友们在北大校园西餐 2 的资源宾馆设宴提前庆祝我 66 岁寿辰，场面十分热烈。

10 月 21 ~ 31 日，访问台湾。22 ~ 24 日出席史语所 70 周年庆典，并参加"迈向新学术之路：学术史与方法学的省思"的学术研讨会，做考古组的评论讲话。之后参观台北故宫博物院，访问台湾大学、台南艺术学院和南华管理学院，在台南艺术学院做"中国史前彩陶的谱系"的学术报告。

11 月 1～4 日，访问香港古迹古物办事处并考察扫管笏遗址，商量合作发掘事宜。

12 月 4～7 日，赴湖南长沙，与国际日本文化研究中心河合所长讨论中日合作发掘澧县城头山遗址有关事项，并实地考察城头山遗址。

12 月 8～14 日，赴安徽含山考察凌家滩遗址，接着到合肥安徽省文物考古研究所看凌家滩出土标本，并参观省博物馆和包公祠等。

1999 年 1 月 21 日～2 月 12 日，应广东省文物考古研究所邀请，偕夫人赴广东各地考察及相关业务活动。

1 月，21 日到广州，22 日赴曲江马坝，同杨式挺和朱非素等考察石峡遗址，讨论石峡遗址资料整理和考古报告的编写事宜。24 日赴英德考察牛栏洞。25 日回省所看考古标本。27 日到珠海宝镜湾考察遗址和岩画。29 日到深圳博物馆看咸头岭遗址的陶器等标本。31 日去东莞看村头遗址及出土标本。

2 月，2 日到博罗看银岗遗址，3 日到普宁，4 日到汕头，5 日到饶平和潮州，6 日到揭阳，7 日到梅州看客家围屋，8 日返河源看恐龙蛋，9 日回广州，10 日看南越宫署遗址。11 日在省文物考古研究所举行座谈，并在省博物馆做"广东考古三题"的学术报告。

6 月，主编《肖家屋脊》由文物出版社出版。

9 月 8 日，赴河南郑州参观省博物馆，并在省文物考古研究所看舞阳贾湖出土遗物。

9 月 22～27 日，赴香港，应古物古迹办事处邀请，出席"一脉相承——香港与华南地区历史文物展"的开幕典礼并参观展览。25 日在香港大学出席"从历史文物看香港与祖国的文化渊源"研讨会，有饶宗颐和宿白等著名学者参加，我做了"香港在华南史前文化中的地位"的总结发言。26 日从香港到广州，27 日出席"南越御苑遗址揭幕典礼"，并参观南越宫署遗址发掘情况等。

11 月 6～10 日，赴江西万年县大源中美农业考古队驻地，看仙人洞和吊桶环出土陶片和石器等标本，再次考察了两处遗址。并对考古报告的编写体例与分工作了安排。期间还去大源盆地周围看了几处洞穴，但没有发现遗址。

11 月 25 日~12 月 2 日，赴成都出席中国考古学会第十次年会。黄景略做会务报告，我做学会章程修改报告。会上选举宿白先生为新一届理事长。

12 月 2~7 日，赴重庆出席全国考古工作汇报会。我做了田野考古和资料室管理的报告。中途到大足参观石窟和佛教造像等。

12 月 16~28 日，应广西壮族自治区博物馆的邀请，偕夫人赴广西参观游览。

12 月 16 日，到桂林，覃义生和傅宪国等迎接并亲自开车至资源县，那里是湖南资水的源头所在，故名。17 日到该县东北的晓锦考古工地参观，主持人由蒋廷瑜挂名，实际是由他的夫人全面负责。遗址不大，年代大致相当于新石器时代晚期至商代早期。发现大量炭化大米。之后到兴安县。18 日由兴安县博物馆馆长彭鹏程陪同参观两千多年前秦代开凿的灵渠。彭是北大考古系 90 届的，非常热情。我们先后参观了四贤寺、闸门、分水鱼嘴和大小天平坝等。四贤寺是纪念修建灵渠的工程负责人的。大小天平坝把湘水抬高，通过鱼嘴使其分流。70% 通过 4 千米的北渠回流入湘，30% 通过 33.4 千米的南渠流入漓江，并通过桂江汇入西江。如果水大，可以通过大小天平滚水坝流入湘江。整个工程气势宏大，设计精巧。小彭还特地陪我们乘船到鱼嘴附近观赏。12 日到桂林考察庙岩和甑皮岩洞穴遗址及出土遗物。20 日由蓝日勇陪同乘船游漓江，21 日到临桂参观大岩和太平岩，出土陶片均早于甑皮岩。22 日到柳州看白莲洞和大龙潭鲤鱼嘴遗址。23 日到邕宁考察顶蛳山遗址，24 日到南宁参观自治区博物馆并做学术报告。25 日到合浦及北海市，26 日到凭祥登友谊关。27 日到友谊关旁边的金鸡山等处参观古炮台，那是中法战争留下的遗迹。

2000 年 1 月，主编《胶东考古》由文物出版社出版。

1 月，7 日赴杭州，8 日去良渚，重点看庙前和汇观山等处。9 日到南京参观南京博物院等。11 日由张勉陪同到连云港，又由林留根陪同考察藤花落龙山文化城址，城墙和房屋遗迹等清清楚楚，考古工作做得很好。

2 月，与梅原猛合著《长江文明的曙光》日文版由角川书店出版。

2 月 19 日，偕妻赴香港，适值元宵节，与朋友们欢聚。20 日访问香港中文大学考古艺术中心等。因是过路性质，未敢久留。

2月21日~6月29日，台湾大学人类学系聘请我为客座教授，邀请我去该系讲课。我偕妻于21日从香港飞台北，住客座教授宿舍。我在该系开设两门课，为本科生讲"新石器时代考古研究"，为研究生讲"史前聚落与文明起源"。因为是选修，听课的人不多。我带了一个笔记本电脑，每讲之前打印出讲稿分发给学生，课程讲完后重新复印并装订成册再发给学生。我是尽力了，但效果如何就难说了。

在台大期间，我还特地拜见华容老家旅台的父老乡亲，参加在台北的北京大学校友会，还出席在"中研院"召开的东南亚考古国际研讨会等，活动是不少的。详细情况见我写的《在台湾大学的日子》（见拙著《足迹——考古随感录》，文物出版社，2011年）。

6月29日~7月2日，马文光从香港到台大来接我们。30日到香港屯门扫管笏考察北京大学的考古工地。7月1日在香港古物古迹办事处做学术报告，翌日回京。

7月14日，教育部直属的中国考古学研究中心在北大考古系正式成立，李伯谦任主任，我担任学术委员会主席。会上确定第一个学术课题即是由我和赵辉主持的"聚落演变与早期文明"。

7月22~29日，赴山东长岛大黑山参加由我题名的"北庄史前遗址博物馆"开幕典礼。

8月，论文集《农业发生与文明起源》由科学出版社出版。

11月，主编《稻作 陶器和都市的起源》由文物出版社出版。

11月2~6日，主持中国古代玉器与玉文化研讨会并致开幕词，最后做学术总结。

11月9~13日，赴日本大阪经济法科大学出席"东亚历史与考古"国际研讨会，我在会前致辞并做评论。

2001年2月24~26日，由北京大学考古系主持，国际日本文化研究中心赞助的"长江流域青铜文化国际学术讨论会"在北大赛克勒考古与艺术博物馆召开。我做了主旨发言，李伯谦做总结。

3月29日，偕夫人经上海赴江苏江阴，在陆建方陪同下考察祁头山马家浜文化遗址和马桥文化的佘城城址，参观江阴市博物馆和华西村等。还特地参观了刘氏兄弟即刘半农、刘天华和刘北茂的故居，他们都曾是北京大学的教授。

5月28日~6月2日，赴沈阳出席由费孝通召集的玉文化与中国传统文化研讨会，我做了"玉文化与考古学研究"的发言。

6月24~28日，赴山东济南参加广饶傅家大汶口文化的392号墓死者头骨上一个圆形穿孔的鉴定会。吴新智和韩康信等根据圆孔周围比较光滑的情况，证明开孔后还生长了较长的时期，应该是一次成功的开颅手术遗留的痕迹。我则从墓中出土器物证明确属大汶口文化。因此该标本证明大约5000年前的先民就已经能够进行开颅手术了。

7月16~18日，同赵辉一起乘飞机经上海到浙江桐乡，参加新地里良渚文化遗址考古座谈会并实地考察遗址。会后参观著名的乌镇等。

7月21~24日，同赵辉一起赴内蒙古赤峰，首先考察城子山夏家店下层文化城址。然后到敖汉旗四家子镇考察帽儿山后红山文化积石冢，那里出土完整的石雕人的胸像和几块人面残片。之后顺便考察了附近几处红山文化遗址。

10月15~23日，我和赵辉主持的"聚落演变与早期文明"课题组一行7人，于10月15日赴山东考察史前城址。先后考察了章丘城子崖、临淄桐林、临朐西朱封、五莲丹土村、日照两城镇和尧王城等。详情见《足迹——考古随感录》中的《山东史前城址考察记》。

10月31日~11月3日，赴广州参加第六届全国科技考古会议，我做"科技考古与考古学"的讲话。

11月中，出席北京大学考古系主办的中国古代玉器与玉文化高级研讨会并做总结发言。

12月13~14日，应邀出席中国工程院刘东生院士主持的全新世课题组会议，并做"从新石器时代文化演变看4千年前黄土高原的自然环境"的学术报告。

2002年3月26~29日，同赵辉一起赴浙江萧山出席跨湖桥遗址考古发现讨论会。遗址因当地烧砖已破坏殆尽，不过出土遗物还是很丰富。我发言认为类似的遗存过去没有见过，年代应该早于河姆渡和马家浜。

5月2~3日，北大考古系主持召开"温故知新——面向中国考古学的未来"国际学术研讨会，赵辉做主旨发言，我做了学术总结。

6月5日，赴杭州，出席十大考古发现颁奖仪式及相关学术讨论会，我讲了"文物考古知识的提高与普及问题"。强调要在提高的基础上普及才是正确的。

9月14日，随同刘东生先生到济南出席第三届中国环境考古会议，我做了"环境与人类文化的发展"的讲演。

12月17~21日，应邀赴韩国清州忠北大学出席小鲁里"世界最早稻谷"学术讨论会，同行的有王象坤和袁家荣。忠北大学的李隆助在小鲁里沼泽的泥炭层发现了几十粒炭化稻谷，据测试距今约14000~12000年。韩国方面首先介绍稻谷发现和研究的情况，然后由中国学者发表看法。我们都表示难以相信，韩方则力图说服。我的发言最后发表在中国的《农业考古》杂志上。

2003年3月9~11日，赴广州参加南越水关遗址等保护研讨会，同行有徐苹芳和傅熹年等。之后李岩陪我到省文物考古研究所看新近发掘的雷州半岛江洪县一处贝丘遗址的资料，下层的陶片年代甚早，颇像广西顶蛳山者。

3月25~4月15日，因心律过缓，住阜外医院检查并决定安心脏起搏器。4月7日由著名医生王方正手术，一切顺利。

6月，主编考古发掘报告《邓家湾》由文物出版社出版。

8月11日~10月25日，偕夫人赴加拿大渥太华探亲，住女儿严一苹家，顺便到魁北克等地游玩。详见《足迹——考古随感录》中的《加拿大探亲》。

10月，论文集《长江文明的曙光》由湖北教育出版社出版。

12月4~8日，赴广州出席全国考古汇报会，听完各地考古汇报后安排专家讲话。我讲了两点，一是配合基本建设考古的提法不妥，反之基本建设首先要考虑考古遗址的保护问题。二是考古工作要有课题意识，当前要特别注意旧石器时代向新石器时代过渡的问题和文明起源的问题。

12月10日，从广州飞桂林，出席"华南及东南亚史前考古——纪念甑皮岩遗址发掘30周年学术研讨会"。我讲了华南考古的重要意义。

12月15日，由袁家荣陪同赴湖南道县考察玉蟾岩遗址，美国哈佛大学的Bar Joseph想和我们合作发掘这个遗址，以便进一步探索稻作农业的起源。回程经长沙到宁乡黄材，考察向桃初发掘的西周台基遗址和墓地等。

2004 年 3 月 28 日，赴安阳考察孝民屯铸铜作坊遗址，同行有谢辰生和徐苹芳等。遗址中发现许多铸铜陶范，鼎足直径达 20 厘米，一个圆盆直径达 158 厘米，超过现有最大的青铜器。可见这里应该是商王室直属的最重要的青铜器作坊，可是安阳钢铁厂要扩建占用，我们说应该坚决保护。

5 月 27 日，为赛克勒考古博物馆 10 周年馆庆举行国际学术讨论会，主题是"全球考古学的新前沿：明确中国的古代传统"，我于 28 日做了总结发言。

6 月 4 日，同李伯谦等飞西安，5 日到岐山考察周公庙北京大学的考古工地。所在遗址约 10 平方千米，出土有先周的绳纹大方砖，证明先周已是一个重要驻地。西周多个夯土台基，灰坑中出土多片甲骨文，还有大型墓地，四墓道就有 9 座，可惜已被盗空。我倾向此地应是古公亶父初建，后来被封为周公采邑者。

7 月 21 日，应赤峰市红山区政府邀请，偕夫人和女儿一家 6 口到克什克腾旗等地参观，回头到赤峰学院出席红山文化学术讨论会。然后上红山考察，得知主要是夏家店文化的遗存，红山文化的遗存反而不多。

9 月 29 日，香港民政局长来京，特聘我和宿白、徐苹芳等为名誉顾问。

11 月 12 日，赴山西临汾考察陶寺所谓天文台遗迹，疑问甚多。14 日到侯马参观陶寺出土器物，总的感觉是一般陶器个头都比较大，但很粗糙，玉器也欠精致。漆木器甚多，倒是很难得的。

12 月 14 日，应邀赴浙江萧山考察跨湖桥遗址并出席讨论会。

2005 年 1 月 7 日，校方聘我为资深教授，还特地说明与院士同等待遇。

3 月 24 日，河北省文物研究所接我到河北饭店听取段宏振汇报易县北福地发掘的情况。那里的祭坛和大量人面陶片颇引人注意。

5 月 16 日，去昌平中直苗圃参加由国家文物局召开的第六批国保单位的评审会议，那个苗圃实际是高档的别墅式宾馆。会议开了两天，最后通过 546 项，备选 250 项，准备报国务院审批。

9 月 22 日，由赵朝洪陪同考察北京门头沟东胡林遗址，发现有墓葬和若干火塘。遗物中有细石器、石磨盘和磨制石斧等，还有平底陶盆等，应该是新石器时代较早的遗存。这里离安特生发现并命名马兰黄土的地方不远，我们特地去马栏村旁边的黄土台等。

10 月 27 日，应香港古物古迹办事处邀请，赴香港参观"香港远古文化——沙下遗址出土文物展览"，并出席"香港文物保护与考古研究研讨会"，我做了"香港考古的展望"的发言。

11 月 1 日，同黄景略赴山东济南，2 日到临淄工作站，看望考古领队培训班老师和学员，并考察桐林考古发掘工地。培训班要我讲一课，我讲了"考古学发展的趋势"。

11 月 9~14 日，回湖南老家华容，兄弟子侄团聚，一同上山祭祖，拜访乡亲。还特地到母校华容县立一中赠书并题诗等。

11 月 15 日，由李水城陪同到湖南道县考察玉蟾岩考古工地。现在那里是中美合作进行发掘和研究，主要想探索稻作农业的起源。我和巴尔·约瑟夫是中美双方的队长。

12 月 19 日，应邀赴浙江嵊州考察小黄山遗址并出席研讨会。遗址因烧砖取土大部分已被破坏。遗物可分三期，早期与浦江上山基本相同，可归入上山文化。会后到绍兴参观蔡元培、秋瑾和鲁迅故居等。

2006 年 4 月 17~19 日，由北大考古文博学院和英国伦敦大学考古学院联合召开的"从考古学理念到实践——田野考古的教学、培训与实践"国际研讨会在考古文博学院的多功能厅举行。伦敦大学的副校长、考古研究所的前主任 Peter Ucko 等不少西方学者参加。伦敦大学学院考古研究所主任 Stephen Shennan 和赵辉做主题发言。讨论中介绍了美国西部、墨西哥北部和土耳其等处的考古工作情况，其中 Inn Hode 组织了英国、美国、波兰、希腊和土耳其等许多国家的考古队同时发掘一个著名的 Chatal Huyuk 遗址，以考察不同学者用不同方法发掘同一遗址而产生不同的价值判断。这是他所谓的后过程主义的精髓！

4 月，主编《中华文明史》第一卷，由北京大学出版社出版。

5 月 12~14 日，和张忠培一道赴河南灵宝考察西坡仰韶文化遗址。先看了两座大墓，又绕整个遗址考察了一下。中央电视台记者特地赶来现场采访我们。

6 月 2 日，应邀到国防大学讲"中国文明的起源"，到堂的有团级以上至军级约五百人，有不少提问，反应热烈。

7月5日~9月12日，去美国丹佛女儿家消夏。女儿一家刚从加拿大搬迁到美国丹佛，那里夏季比较凉爽，我和老伴正好去消夏，享受天伦之乐。丹佛号称牛城，在一条步行街上每隔二三十米就有一头用塑钢做的彩色牛，非常有趣。期间于8月10日到丹佛以南100多千米看印第安崖居和蒲埃布洛村落。还到丹佛大学南莎娜家做客。她带我到该大学的人类学博物馆参观，那里有许多印第安人的头骨标本，据说都要还回原处！

9月19日，日本友人梅原猛寄来他的近作《神杀的日本——反时代的密语》，开篇对小泉纯一郎无视中、韩等国的抗议，坚持参拜靖国神社表示忧虑。他认为日本不应被神所杀，而要建立以佛教不杀生的道德，结合儒家提倡的仁和基督教的爱来改造日本的神道。可惜日本政界是反其道而行之。

10月8~18日，应山西省文物考古研究所邀请，在张弛陪同下偕夫人赴山西参观访问，并出席纪念西阴村遗址考古80周年学术讨论会。8日到太原，随即北上到应县参观应县木塔。继续北上过雁门关到大同，9日参观云冈石窟，午后到浑源参观悬空寺。10日到五台山参观，11日到太原参观省博物院，看太原义井材料，之后参观晋祠。12日到平遥参观古城，下午到灵石参观王家大院，规模之大超乎想象。13日到壶口看瀑布。14日到垣曲再到夏县，15日出席纪念西阴村遗址考古80周年学术讨论会，我主持。中间休会参观侯马考古工作站和北赵东周车马坑，规模极大，保护也很好。之后到解州、芮城再返回夏县，17日开闭幕会，我和张忠培讲话。

11月3日，偕夫人赴浙江浦江考察上山遗址，并出席"第四届环境考古大会暨上山遗址学术研讨会"，我做了大会发言。8日赴杭州，出席"纪念良渚遗址发现70周年国际学术研讨会"并做总结发言。期间考察了良渚遗址群。

11月12日，同赵辉、张弛和秦岭等从杭州到余姚田螺山。考古工地在一个大棚里，文化遗存保存极好，基本上属于河姆渡文化。考古工作则比河姆渡进步多了。

11月13日，赴安徽合肥出席"江淮地区文明化进程学术研讨会"，我在15日做了总结发言。

2007年1月13日，贾汉清接我和黄景略到湖北荆州考察熊家冢考古工地。该土冢规模极大，还有副冢、祭祀坑、车马坑和四排共 92 座陪葬墓，估计是一座楚王的陵墓。荆州想挖，我们说要慎重，先把墓园搞清楚再说。

3 月 11 日，应深圳考古鉴定所邀请，偕夫人赴深圳看该所发掘的咸头岭资料，并考察咸头岭遗址。然后参观深圳博物馆。14 日朱非素和李岩接我到东莞看村头的发掘资料。16 日到佛山市高明区考察古椰遗址和出土遗物。17 日到阳江看国家博物馆水下考古基地。国家博物馆拟与广东省合作打捞南海一号沉船，并建设一座海上丝绸之路博物馆保护船体。我们参观已基本建成的博物馆大楼，很气派，只等把沉船放进去了。

5 月 13 日，偕夫人赴西安住西北大学，下午参观碑林。14 日出席全国考古所长培训班开学典礼，然后参观秦俑坑博物馆和华清池，考察姜寨遗址，参观半坡博物馆。15 日为培训班讲课内容是"当前中国考古学的机遇和挑战"。下午参观阳陵。16 日参观乾陵和法门寺地宫。17 日由王占奎陪同到延安，18 日到吴堡考察三处龙山时代的城堡遗址。19 日到米脂看李自成行宫，然后到榆林看文物库房，那里有许多陕北出土的玉器等。继续往西到靖边考察统万城遗址，该城为大夏国赫连勃勃所建，现在一片荒芜，保存甚好。20 日到黄陵县桥山参观黄帝陵，之后回西安参观市文物所和市博物馆，登小雁塔览胜。

6 月 19 日，同赵辉到浙江余姚，20 日到田螺山参观考古工地并出席研讨会，我做了简短发言。秦岭参加了这里的考古工作，进行多学科研究，很有成绩。

6 月 27 日，同张弛到安徽合肥，28 日到含山凌家滩参观 23 号大墓发掘现场，顺便对整个遗址考察了一番。

8 月 14 日，同张弛和樊力到郑州，15 日到新郑考察唐户裴李岗文化遗址。下午到南阳，先看北大在邓州八里岗发掘的资料，然后考察八里岗遗址，初步确定本年发掘的范围，并商量考古报告编写的问题。

8 月 31 日，同张忠培等赴武汉转武当山特区，考察道教古建遇真宫、玉虚宫等因丹江口水库蓄水抬升出现的保护问题，大家倾向于原地保护，但需要全面抬升。9 月 1 日登武当山海拔 1612 米的天柱峰金顶，气势磅礴！2 日到荆门考察龙头山大溪文化晚期的墓地，然后到荆州看熊家冢出土遗物，最后到武汉参观湖北省博物馆。

9 月 14 日，应甘肃省文物考古研究所邀请，王辉和周广济特地到北京接我和老伴到甘肃各地走走。中午到兰州，参观省考古所历年所发掘的考古标本。15 日由王辉和杨惠福陪同到刘家峡参观炳灵寺。16 日由王辉开车到青海民和，在任晓燕陪同下考察喇家遗址。17 日由郎树德陪同到临夏参观彩陶博物馆。18 日由王辉开车经天水南下到礼县大堡子山看秦公大墓和出土遗物。19 日经天水到张家川参观马家塬戎人墓地，陪葬马车极其豪华，保存也很好。20 日去麦积山，由夏阳陪同参观石窟。午后去天水参观伏羲庙。21 日回兰州参观省博物馆。22 日由杨惠福夫妇陪同到武威参观文庙，该庙规模极大，博物馆就在庙内，藏品有 5 万多件，包括许多彩陶和西夏文物。23 日到张掖参观大佛寺，其中有极大的卧佛。之后到嘉峪关市，参观魏晋砖画墓和雄伟的嘉峪关和长城博物馆。24 日到瓜州即安西，也参观博物馆。下午到敦煌，受到彭金章等的热烈欢迎。他陪我参观各种洞窟，有的是不对公众开放的。25 日是中秋节，研究院特邀请我跟大家一起欢度佳节。26 日参观河仓城和玉门关，又到罗布泊东南看雅丹地貌。然后到阳关并题词。27 日回敦煌参观彭金章发掘的窟前遗址。午后由新疆的徐雪莲等专程接我们到哈密。28 日新疆文物处刘国瑞（北大考古 89 级）陪同参观博物馆和回王陵。29 日西北大学在新疆考古的王建新接我们到天山以北的巴里坤参观红山口遗址和兰州湾子遗址等。30 日上午考察东黑沟遗址，那里有大型木构房子，周围有许多小房子和墓葬，还有成千的岩画。建新认为是匈奴的主营地。10 月 2 日到伊吾参观博物馆等。3 日王建新开车带我们到天山南坡考察五道沟聚落遗址。那里一片荒凉，可能是牧民冬季的营地云。4 日到乌鲁木齐参观区博物馆，下午参观区考古所，重点看小河墓地出土遗物。5 日回京。

10 月 19 日，应河北邯郸市文物研究所邀请出席该所成立 45 周年学术研讨会并参观博物馆。21 日到磁县参观磁州窑博物馆等。

11 月 26 日，浙江蒋卫东接我到良渚考察新发现的良渚古城，29 日参观良渚博物馆，出席良渚古城发现的新闻发布会，我讲话并题词："良渚古城，文明圣地"。

12 月 12 日，赴香港出席"文物保护与南中国史前考古国际讨论会"，我做了"南中国史前考古的新进展"的发言。

2008 年 3 月 20 日，应邀偕夫人到浙江良渚考察古城，并出席古城考古与保护规划讨论会。当时有人质疑古城的年代，我看没有任何问题。但保护规划却有争议。23 日蒋卫东陪我们到奉化溪口看蒋介石故居。溪口乃因曹娥江上游剡溪之口而得名，风景极佳。

4 月 10 日，同徐苹芳等赴江苏无锡出席鸿山等大遗址保护论证会并参观现场，大家对保护与利用关系的处理表示满意。12 日去江阴考察佘城和祁头山遗址，接着参观刘天华三兄弟旧居等。

4 月，主编《中国考古学研究的世纪回顾——新石器时代考古卷》，由科学出版社出版。

6 月 16 日，偕夫人赴云南大理，17 日到剑川考察海门口遗址，闵锐介绍考古情况。那里有成千的大木桩，密密麻麻，看不出单元结构，比著名的瑞士湖居气派多了。18 ~ 19 日开专家论证会，讨论遗址的性质和保护问题。19 日下午去石宝山参观石钟山石钟寺和南诏石窟等。20 日到丽江参观博物院东巴文化展。午后到玉龙雪山云杉坪赏景。晚上游丽江古城。21 日回大理看蝴蝶泉和大理三塔。22 日到保山附近参观儒释道合一的光尊寺。傍晚到腾冲，23 日参观国殇墓园，中日在这里曾进行滇西最激烈的战斗。24 日到梁河参观号称傣族故宫的南甸宣抚司署。之后经盈江、陇川至边境的瑞丽。25 日参观姐告玉城，之后到畹町，又到芒市参观藏有傣文佛经的菩提寺等。26 日经保山回大理，傍晚飞西双版纳。27 日去猛海参观曼海佛寺和景真八角亭，二者都是国保单位。下午去景洪观赏原王傣王御花园的曼听公园。28 日去勐腊热带植物园并参观博物馆等。29 日回昆明。先后参观省考古所和博物馆。傍晚到云南大学与老同学朱桂昌、蔡尔轨和汪宁生等会面并聚餐。30 日到云南陆军讲武堂参观，傍晚回京。

8 月 13 日，赴西安主持西北大学文化遗产研究与保护技术教育部重点实验室建设计划讨论会，王建新汇报，专家评议通过。

9 月 4 日，赴陕西高陵考察杨官寨仰韶文化围壕聚落和陶窑群。9 月 5 日到岐山看望北大在周公庙的考古队员。

10 月 21 日，赴甘肃张家川考察马家塬戎人墓地，讨论豪华马车的保护问题，决定迁移保护。

10 月 28 日，赴西安。29 日出席陕西省考古研究所成立 50 周年会议，盛况空前。

12月8日，贾汉清接我和老伴赴湖北荆州，参加荆州博物馆50周年庆典。之后赴熊家冢参观。11日由贾汉清陪同到宜昌参观三峡大坝及附近设施。

12月24日，应邀同李伯谦赴深圳，到市文物考古鉴定所看李海荣发掘的咸头岭标本。25日参加市博物馆新馆开幕典礼。26日参观旧馆及一私人青瓷馆。下午到新馆做报告，我讲的题目是"深圳的远古时代"，反应热烈。27日返京。

2009年3月1日，赴郑州出席具茨山岩画研讨会。3日到新郑参观韩王冢考古工地，下午到荥阳考察娘娘寨西周城址考古工地。

3月22日，赴郑州参加南水北调出土文物及娘娘寨考古论证会。

6月3日，应邀赴西安评审由敦煌研究院等四单位研制的"文物现场保护流动车"，我主持专家评审并一致通过。5日到蓝田太尉塬参观吕大临家族墓地。吕是考古的祖师爷，墓地中出土了各种文物，还有不少墓志，十分珍贵。

6月11日，赴浙江良渚出席"良渚遗址保护行动暨良渚国家遗址公园启动大会"并参观良渚博物院。14日参观孔庙，下午良渚博物院梁女士陪同到宁波乘船到舟山定海。15日从沈家门乘船到普陀山，下午到佛顶山和慧济寺等，16日到西天山，参观观音像和普济寺等，尽兴而归。

8月29日，赴成都，到什邡考察桂圆桥考古工地，那里发现有相当于仰韶文化晚期的遗存，是成都平原最早的遗址，只是面积太小，遗物也不多。

9月5日，偕老伴到兰州，参观省考古所库房的出土遗物。7日由王辉陪同到临潭考察陈旗磨沟齐家文化大型墓地考古工地，钱耀鹏主持发掘，收获不小。9日到天水，因身体不适，住麦积山植物园山庄稍事休息后于14日返京。

9月，《仰韶文化研究》（增订版）由文物出版社出版。

10月15日，赴山东大学出席"聚落考古与环境考古国际讨论会"，17日到长岛参加妈祖节庆典，顺便考察南北长山和庙岛的相关考古遗址。

10月23日，赴辽宁朝阳，24日出席凌源牛河梁遗址公园启动仪式，以及苏秉琦百年诞辰暨牛河梁遗址考古 30 周年纪念大会。之后又出席"苏秉琦考古理论与实践学术论坛"。

11 月 18 日，赴杭州出席浙江考古所 30 周年庆典，19 日到良渚考察茅山稻田和玉架山环壕聚落群并出席 20 日的讨论会。21 日到江苏张家港张家村考察马家浜和崧泽时期的遗址与墓葬。22 日返京。

12 月 5 日，偕夫人参加国家人力资源和社会保障部组织的院士专家休假团赴海南旅游。到海口后海南人事部门参加接待。住喜来登温泉度假酒店。6 日参观火山口公园等周围景区，之后到琼海、博鳌、万宁、兴隆热带植物园、陵水猕猴保护区、保亭热带雨林，最后到三亚，绕海南东部海岸半圈。每处都住五星级酒店，安排十分周到。到三亚后还特地前往崖城南山寺和海角天涯等处。15 日返京。

12 月 27 日赴河南新密，28 日出席"中国聚落考古的理论与实践——纪念新砦遗址发掘 30 周年学术研讨会"，30 日考察新砦遗址。之后到李家沟考察地层状况，又回到郑州市文物考古研究院看李家沟出土遗物等。31 日返京。

2010 年 1 月 11 日，赴长沙和湘潭，13 日回华容老家祭祖并看望乡亲。15 日到澧县，由袁家荣陪同考察华垱等新石器时代早期遗址等。16 日回长沙参观铜官窑遗址和省博物馆等。17 日返京。

1 月 23 日，赴成都，由王毅等陪同到新津考察宝墩遗址。该处在原来发现的 60 万平方米长方形古城之外，又发现约 260 万平方米的外城。加上在成都平原发现的十多处较小的古城，组成一个类似石家河古城群的结构。24 日在市考古所看宝墩和营盘山的出土遗物，之后又参观金沙遗址博物馆等。

2 月 9 日，赴中国社会科学院考古研究所出席夏鼐百年纪念座谈会，并参观夏鼐文库。我在会上做了"深切怀念夏鼐先生"的发言。

4 月 23 日，赴山东寿光出席"黄河三角洲盐业考古国际学术讨论会"并做大会发言。25 日考察双王城商周之际的盐业作坊遗址，下午到昌邑看了三个东周盐业遗址。据说该县有 200 多处，整个黄河三角洲有 700 多处。齐国就是因垄断海盐等强大起来的。

5 月 23 日，赴郑州出席"郑州中华之源与嵩山文明研究会成立暨郑州嵩山文明研究院揭牌大会"并讲话。

6月15日，偕老伴经烟台到长岛，16日上大黑山，在南庄西南见少许北庄一期陶片。午后到小黑山南坡见北庄一期陶片。之后上庙岛，其南坡有龙山文化遗址。17～19日因大雾无法开船。20日到小钦岛，村后有北庄一期遗址，后到大钦岛考察东村遗址，约10万平方米，以北庄一期为主，有少量北庄二期者。然后到乡政府所在的北村，发现有很大的龙山文化遗址。22日到砣矶岛，一无所获。这样比我们原来调查的遗址增加了不少。

7月，与张忠培等合著，并由苏秉琦主编的《中国远古时代》由上海人民出版社出版。

8月8日赴赤峰，9日参观赤峰市博物馆，10日在赤峰学院做学术报告。11日到克什克腾旗游云杉森林公园，午后往北参观阿斯哈图世界地质公园。再往北住热水，风景极好。

8月22日，同李水城等赴内蒙古扎鲁特旗出席南宝力皋吐遗址学术研讨会并考察遗址和墓地等。

8月，论文集《中华文明的始原》由文物出版社出版。

8月，散文集《足迹——考古随感录》由文物出版社出版。

9月8日，偕老伴赴美国丹佛女儿一苹家，正好二弟文思也在美国看望儿子，知道我们去，就都到一苹家团聚，真是高兴！我们住了些日子，一苹就要陪我们玩玩。17日开车到南达科他州黑森林公园拉希摩尔看总统山，山上雕着华盛顿等四位总统头像，很高大。印第安人不服，请雕刻家在附近找一个更大的山头雕刻一位英雄骑着烈马直指大地，表示这里原来是我们的！10月6日，赴加拿大蒙特利尔儿子严松家，住了一个月，到多伦多，见到我的学生孙祖初和李宗山等，8日回北京。

12月，主编的考古发掘报告《谭家岭》由文物出版社出版。

12月9日，出席郑州文物考古研究院50周年庆典及郑州商城发现60周年座谈会。

12月29日，应邀偕夫人赴南昌出席《人类陶冶与稻作文明起源地——世界级考古洞穴万年仙人洞与吊桶环》一书的首发式和讨论会，我讲了七点意见。会后到靖安参观李州坳东周大墓。

2011年 5月26日，赴浙江余姚出席"全球视野——河姆渡文化国际学术论坛"并做总结发言。之后参观河姆渡博物馆和田螺山遗址。

6月16日，应山东大学栾丰实邀请偕老伴和李水城夫妇到青岛转即墨，17日参观北阡考古工地后回青岛。18日去崂山，风景极好。19日参观青岛啤酒厂等，20日返京。

8月5日应邀到云南玉溪市出席"首届云南玉溪抚仙湖与世界文明学术研讨会"，李昆生等在抚仙湖做水下考古，据说发现了世界最早的文明遗迹，纯粹是胡说。抚仙湖风景倒是很美，我们乘船游览。

8月20日，出席在北京会议中心召开的"文化上'早期中国'的形成和发展学术研讨会"，韩建业主持，我和赵辉做总结发言。

11月5日，赴河南渑池出席"仰韶文化发现九十周年纪念大会"和研讨会，我做了总结发言。

2012年1月5日，偕老伴和李水城夫妇赴成都，先到省考古所看金川县刘家寨出土遗物，有马家窑式的彩陶和尖底瓶陶片等。7日由高大伦陪同到了乐山，乘船看乐山大佛。之后到峨眉山市参观大佛禅院和三苏祠等。

3月16日，赴郑州，17日参观老奶奶庙遗址，下午讨论。

4月4日，赴浙江临平考察玉架山聚落群并出席研讨会。我做总结发言。

4月，《考古学研究（九）——庆祝严文明先生八十寿辰论文集》上下册，由文物出版社出版。

5月27日，应厦门大学吴春明邀请赴武夷山市，28日到九曲溪漂流，下午参观崇安闽越王城，29日参观大王峰后的崖居等。30日到厦门大学与考古专业教师座谈。31日侄女新云接我到海仓她家玩。6月1日到厦大人文学院做学术报告。2日由吴绵吉等陪同到漳州华安参观土楼。3日返京。

9月3日，赴赤峰出席第七届红山文化学术讨论会，5日参观魏家窝铺红山文化聚落遗址和二道井子夏家店下层文化的聚落遗址，其中房屋墙壁还保存1～2米高，十分难得。6日到敖汉旗史前博物馆看兴隆沟出土红山文化的陶人，坐姿，几乎和真人一样大。我跟他合影留念！

10月20日，出席在北京稻香湖酒店召开的"严文明先生学术思想研讨会"，会议由北京联合大学应用文理学院主办。

2013 年 5 月 3 日，偕夫人由秦岭陪同到山东泰安考察大汶口遗址的房屋遗迹，之后到曲阜，4 日参观孔庙，由孔子的 75 代孙女陪同讲解。之后考察周公庙北墙外的考古发掘工地。

8 月 11 日，赴赤峰出席红山文化研讨会，有不少外国学者参加，我做总结发言。

9 月 13 日，赴浙江龙游出席荷花山遗址暨钱塘江早期新石器时代文化讨论会，并考察荷花山遗址。蒋乐平在龙游一带发现多处上山文化遗址，颇受关注。

10 月 14 日，赴陕西神木考察石峁山城考古工地，15 日到榆林看一私人博物馆，器物多出自石峁。16 日到岐山周原看望北大在双安遗址的考古发掘工地。17 日返京。

11 月 1 日，赴河南漯河出席贾湖遗址发掘 30 周年学术讨论会，到会的国外学者不少。开幕式后即去舞阳贾湖遗址参观考古工地。会议两天，我做总结发言。4 日到郑州河南省考古所看马萧林的动物标本室和李占杨在灵宝发掘的新石器时代早期的碎陶片等。

12 月 20 日，偕夫人赴蚌埠出席禹会遗址与淮河文明研讨会，并考察禹会村遗址。会议两天。

2014 年 1 月 4 日，应广东省博物馆和省考古所邀请偕老伴和李水城夫妇到广州，5 日到阳江参观海上丝绸之路博物馆，南海一号沉船已进馆 6 年，正准备发掘。6 日到丛化，住丛都国际峰会会展中心，古运泉在中心的博物馆当馆长，邀请我做了一个学术报告。7 日回广州参观南越王墓博物馆，8 日到省博物馆做学术报告，9 日参观南越官署博物馆。下午返京。

8 月，主编考古报告《仙人洞与吊桶环》由文物出版社出版。

8 月 21 日，应上海博物馆邀请赴上海出席"城市与文明"学术讨论会，我发表城市与文明关系的演讲。

2015 年 一年未出北京。

3 月 18 日，应邀到首都师范大学做学术报告"什么是考古学？"

5 月，主编《聚落演变与早期文明》，由文物出版社出版。

2016 年 4 月 26 日，应邀偕老伴赴江苏泗洪出席顺山集文化研讨会并参观遗址，同时考察附近的韩井考古工地。28日游览湿地公园，29日到句容茅山南京博物院考古所江南工作站。那里原来是道教圣地，又曾经是新四军总部所在，环境和设备都很好，是进行考古资料整理和研究的好场所。

11月5日，偕老伴赴广州出席第六届中国环境考古大会。7日由古运泉陪同到惠州罗浮山游玩，那里是道教圣地，风景极好。

11月21日，浙江浦江派人和医生接我和老伴出席上山文化国际研讨会，顺便在周围风景宜人的地方游览。之后到杭州，25日出席良渚文化考古发现80周年学术研讨会，我做了"良渚古国，文明奇葩"的总结发言。26日到良渚西部山区的彭公参观良渚时期的水坝遗址，工程的浩大实在令人震撼！然后参观良渚博物院和省考古所的良渚工作站等。

2017年4月14日，中央电视台来采访，让我谈"中国文明的起源"。

9月14日，我的自选集《求索文明源》由首都师范大学出版社出版。

12月3~8日，浙江省文物考古研究所派罗汝鹏接我和老伴到杭州，出席好川文化发现20周年纪念活动并做总结性发言。5日由刘斌陪同参观丝绸之路博物馆和茶叶博物馆。6日到桐庐游览富春江，瞻仰严子陵钓鱼台。7日出席小青龙考古报告发布会并做学术总结。

2018年5月4日，出席北京大学建校120周年庆典。

6月22日，出席在大雅堂举行的《国学研究》25周年庆典及《中华文明史》英、日、韩、塞尔维亚文版出版座谈会。

6月25日，出席北京大学2018年人文—社会科学发展工作会议。

9月27日，同浙江刘斌等许多人拍有关良渚文化的电影片，其中有我谈良渚文化发现的意义，同时还有我跟刘斌的对话等。

11月14日，中央电视台探索发现栏目导演尚狲等来舍采访，要我谈中国文明的起源，特别是有关石家河、凌家滩和良渚文化等方面的问题。

2019年4月1日，去中国人民大学出席韩建业主持的国家社科基金重大项目"欧亚视野下的早期中国文明化进程研究"开题报告，我做了长篇发言。

4月30日，把李水城托我为《盐与文明》丛刊写的序言交给水城。

5月18日，把《长江文明的曙光》（增订版）书稿交给杨新改。

7月3日，中央电视台多人来舍采访良渚遗址申报世界文化遗产成功的意义。

10月12日，去北京大学英杰交流中心出席苏秉琦诞辰110周岁纪念会并讲话。

10月18日，中央电视台多人来舍采访上山文化的相关问题。

自传——流水年华

我的家世

我出生在湖南省华容县终南乡的严家湾。这个严家湾有三个屋场，分别叫上屋场、下屋场和二屋场。总共有十七八户六七十口人。同属于一个清明会，有公田，每年清明节共同上坟祭祖。上屋场是梦举系循经的后代，下屋场和二屋场是梦鳌系循起的后代。前者比后者普遍高两辈。我家是住在上屋场的。

华容严姓大概是晚唐时期从湖北荆州迁过来的，据说都是严厚大的后人。厚大的长子严隆首迁今华容梅田湖的仁义村，称官路严家，是为西支；三子严达首迁今华容胜峰乡的青湖村，称青湖严家，是为东支。大概西支发展较快，所以于今辈分较低，人口较多。我们属于东支。这支人大部分住在华容东山一带，我们的祖辈大概就是从东山迁移过来的。无论东支还是西支，祖神牌位上都写着"客星堂严氏历代祖先之神位"，两边的对联是"济世安民唐节度，高山流水汉先生"。这里有一个故事。据说七世祖严子陵是东汉光武帝刘秀的同学，颇有才学，刘秀称帝后曾被召至京师。《后汉书》说他"与帝共偃卧，以足加帝腹上。太史奏客星犯御座！"从此其后人均称客星堂严氏。严子陵不愿做官，隐居富春山下，宋代范仲淹作《严先生祠堂记》歌颂他的高风亮节说："先生之风，山高水长。""高山流水汉先生"即是指此。严姓长期居浙江嘉兴、宁波一带，到唐代才从 26 世祖严浚等迁往陕西华阴和长安一带。"济世安民唐节度"是说 27 代祖严武的故事。唐代安禄山叛乱时，严武曾陪玄宗逃走四川，玄宗返回长安后，因护驾有功即封他为剑川节度使。他在任上勤政爱民，为时人称道。后来因为长安一带社会颇不安定，当地严姓大量迁居荆州江陵一带，28世祖严绥亦迁江陵并被任命为荆南节度使。荆州离华容不远，华容严姓最早就是从荆州迁移过来的。

严家湾的上屋场本来只有三户人家，从西往东分别是先煌、先㩞和先敏。三人虽然同辈，但不是亲兄弟，仅仅未出五福。先煌公有三个儿子，分别是有楠、有湘和有芈。有楠生章衍、章鼎，有湘生章谦、章铭，有芈生章烈。章衍生其畏（可畏），章鼎生其灿（灿然）、其然（自然），章谦生其森（润芝）、其嵩，章铭生其泰（寅畏），章烈无后，其泰亦无后。先煌的屋子很大，面阔五间，三进两天井。后来因为人丁兴旺，又在西边加盖了面阔两间、两进一天井。估计到章衍兄弟一辈才分家。老大章衍住正屋的西半边，老二章鼎住正屋的东半边，章谦、章铭则住西边加盖的一套房子和正屋的四间房，正屋的上中下三个堂屋由三家共用。屋后的树山也是三家共有，还共有几亩公田。

从高祖先煌到我们兄弟已经是第五代人了，但相互之间还是很亲，称谓上是大排行。我称可畏为大爷，灿然为二爷，自己的生父润芝为三爷，叔父其嵩为四爷，未出嫁的小姑春之为五爷。大爷可畏的大儿子森照年岁比我父亲还大，还是很恭敬地称呼三爷。三家人就像一家人。

我的祖父章谦（1876.11～1928.2）号少陵，是一名中医，但不是职业医生，比较热心社会活动。因为医术好，医德高尚，颇有人望。他和大爷可畏早年因积极参加湖南农民运动，运动失败后均被迫害离世。当时祖母才34岁，带着我父亲、叔父和小姑艰难度日。后来我父亲其森（1915.11～1950.12）号润芝也学医，同样不是职业医生，给人看病从来不收费，医术医德都为人称道。抗日时期他曾经一度当过军医，后来又在县政府财政科和税务局任职，还当过禹盘垸堤工局的负责人。善诗文，结交了许多诗友，可惜过早地离世了。叔父其嵩任小学教师和校长多年，为人忠厚老实。家里有几十亩水田只好雇人耕种，还短期与亲友合伙开药房等。我有五个弟妹，叔父也有四个孩子。由于人口多，生活还是很艰困。不过在严家湾，我家还算是大户，别的人家都很穷，人丁也不旺。

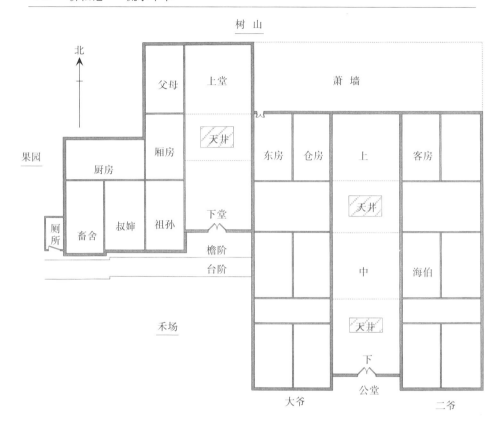

老家房屋平面图

我的童年

　　我于农历壬申年 9 月 16 日子时降生，西历是 1932 年 10 月 14 日。当时二舅周仲权正在我家。他在我 60 岁时写的一首诗中说"岁次在壬申，严府鞭炮声。祖呼天亮了，只缘得长孙，舅少赴汤勺，如今六十春"。这在我家是大喜事，可是当年旱灾严重，家庭生活艰苦。母亲因为缺乏营养几乎没有奶汁，只好喂我大米糊糊。因此我从小就体弱多病。我有一个堂伯父名寅畏，二十多岁就过世了，当时我还没有出生。祖父答应第一个孙子出生后即过继给他。所以我名义上是严寅畏的儿子，却一直由生父抚养。按照辈分排行我属文字辈，父亲就根据《舜典》中"浚哲文明"这句颂扬舜帝的话，给我取名为文明，号浚哲。

1934年9月大妹芙蓉出生。1944年9月病逝，年仅十岁。我当时不在家，回家后才知道妹妹不在了，伤心得哭了几场。

1937年农历八月十七，二弟出生。父亲根据《尧典》中颂扬尧"钦明文思安安"的句子给他取名文思，号安安。

1938年春季我在下严家屋场严炳乾家上小学，老师蔡新，没有上完一学期学校就解散了。到秋季才正式上学，学校在离家两里多路的张家大屋场，是公立的保国民学校。校址设在一座庙里，一个大教室四个年级八个学期。因为每学期招生，每期只有几名学生。和我同年级的开始有四五个同学，后来只剩了我和严盘铭两人。学校只有一位老师张善云，每个年级的国语、算术、常识、体操、图画、唱歌门门都由他一人教。那时正值抗日战争时期，他很注意进行爱国主义教育。教室里张贴了许多鼓动性的标语，如"抗战第一，胜利第一""意志集中，力量集中"等。教我们唱爱国歌曲，如"义勇军进行曲""大刀向鬼子们的头上砍去"等。他为人和蔼又极负责任，我们都很尊敬他。严家湾有几个同学，每天上学和放学都要一起走。中间要翻越一座小山，下雨天比较麻烦，总是赤脚走，路滑很容易摔跤。那时每天放学回来要放牛，假期除了放牛还要挑水和砍柴等做力所能及的家务事。1939～1941年连续三年大旱，田里禾苗大多枯萎，人们吃水都发生困难。我要到一里路以外的娥眉井去挑水。那里挖了一个大坑，直径大约有6～7米，深3～4米，坑底有一个小泉眼，好几分钟才冒出一桶水，许多人挑着水桶排队等候。中国的南方虽然多水，但遇到天旱还是很可怕的。

1940年农历二月十三，三弟文光出生。不久小姑春之幺爷（我按照男性大排行称呼她五爷）经艾家姑婆介绍与县城的无业游民谢海云结婚，第二年生了个男孩，未满月就夭折了。幺爷大概得了产褥热，病得骨瘦如柴，吃药打针都不见效，无人照顾，只好跟祖母住在一起。那位姑爷却从不来看她，非常可怜。在病床上大概躺了一年就去世了。大约是1940年，父亲同芙蓉妹未来的公公周秉勋和一位中药师三家合伙，在离家约五里路的三岔河开了个"来苏中西医药局"的药铺，药铺的名字是取《尚书·汤誓》中"徯我后，后来其苏"的意思。但生意不大好，大约只办了一年多就关张了。

我于1942年中于保国民小学初小毕业，秋季跟随叔父严其嵩到离家约十七八里位于新河口的五合乡中心小学上高小五年一期。这是一所完全小学，包括叔父共有十几名教师。每学期一个班，高小就有四个班。我虽然不甚活跃，但在元旦晚会上参加了"大路歌"的演出，扮演筑路工人一面哼呀嗨地唱，一面拉着石磙压路。

1943年初我上学不久，3月10日忽传日本侵略军开进了华容城关。老师这天上课时特别严肃，给我们上了《最后的一课》，那是法国老师在普法战争时给学生们讲的课，我们听得都抹眼泪了。课后学校决定立即疏散，我跟着叔父提着行李，在回家的路上就遇到敌机不断在头上盘旋扫射。回家后立即把印有青天白日满地红彩色国旗的课本装进陶罐里埋到后院一棵树下，心中满怀着爱国的感情！

为了躲避日寇的侵犯，我们全家逃到了东湖边上白鹿圻周家姑婆家暂住，只留祖母一人看家。日寇进驻华容的第二天就进驻严家湾，祖母只好躲到后山树林中去。家里被洗劫一空，幸好房子还没有被烧掉。

我们在周家没有住多久。为安全起见一家人只好分散住。母亲和弟妹住党家岭罗家姑婆家，婶婶和她的女儿住王家边子娘家，祖母和叔父还有像家里人一样的长工严国安留在老家种田。父亲在临时迁往注滋口的县政府教育科当科员。他怕我耽误学业，日寇侵占华容后，潘家屋场比较隐蔽，就安排我在潘家屋场从罗原道叔读书。罗是父亲的挚友，他为了生活办了个私塾，有八九个学生。我和罗的内弟严炳刚和罗叔三人寄住在学东家里。我和炳刚用几块土砖搭了个灶，自己做三人的饭。大米和油盐是父亲托人送去的，烧柴是自己从屋后树山上捡的枯树枝，菜也都是我们在附近采集的野菜。我和炳刚都是小孩，第一次做饭掌握不好火候，三人的饭往往烧糊，如果罗叔回家去了，两人的饭就做得很好，弄得我们莫名其妙，也很不好意思。

这期间日军的主力在准备进攻常德，在进到南县和安乡边的厂窖大垸时，发现中国军队来不及撤退，换上便装混入正在插秧的老百姓中间；华容和南县的老百姓也大量逃到厂窖大垸。日军包围了大垸，就用机枪扫，用刺刀砍，还用各种难以想象的残酷方法，不管男女老幼通通杀光，从5月

9 日持续到 10 日，竟然杀死了三万多人，造成震惊中外的厂窖惨案。我的小学老师黄剑萍当时正经过那个地方，躲在亲戚家的红薯窖里，对当时的情景记得非常清楚。他写了一篇"厂窖惨案亲历记"，载所著《黄叶轩诗文集》（2005 年 2 月）中。

这年秋季，叔父从辰溪湖南第四师范毕业回家，没有工作，为了生活，只好自己学种烟草。我回家时也帮助种烟。栽好烟苗后要浇水、施肥、除草、打虫。烟叶上起泡后就可以收取晾晒、整理、收藏。为了做卷烟卖，自己做了一个卷烟机，一天能卷 400 多支烟。卷烟的纸和烟盒纸可以买到。好的装前门牌，稍差的装恒大牌。自己摆个烟摊卖，多少能够补充点生活费。由于日军的封锁，传统的食盐供应链被切断。菜蔬没有盐很难下口。有人就到鄂西的三斗坪买从四川运来的岩盐，用双肩挑回华容。我们只能用稻谷换这种岩盐。一担谷约 132 斤，只能换 12 两岩盐。当时的市斤是一斤 16 两，12 两就只有 3/4 斤。这么贵的盐不敢多吃，长期缺盐弄得浑身无力，实在是没有办法。秋季发大水，冲倒了许多垸子。一天下午我在山上放牛，听见有人喊"又倒垸子了！"我往东南方向一望，只见白花花的水铺天盖地往垸子里涌。许多稻田被淹了，粮食短缺，鱼却多极了。一斤大米可以换十几斤鱼，把鱼当饭吃，又缺少盐，实在难吃。我本来是爱吃鱼的，这次吃伤了，好久都不想吃鱼了。由于封锁，火柴也买不到了，国安哥就割了许多蒿子编成长条，点燃后十几个小时不会熄灭。这是没有办法的办法，只好用这种原始的方法保存火种。我们平常做菜多半用清油即菜籽油，这时也买不到了，只好用棉籽油，不好吃也没有办法。点灯就用桐油，没有桐油就用松明，两者都冒黑烟，不得已才用。

1944 年 1 月，在注滋口县政府教育科工作的父亲也把我带去到注市小学上高小，并且寄住在一家号称严复兴的小酒店里，这使我第一次有机会了解市镇的生活。注滋口在藕池河的两岸，是华容最大的市镇。藕池河是贯通长江与洞庭湖的四大河流之一，河中有几十上百斤的大鱼，有时还能看到江猪。我住的酒店门前一边摆一个肉案子，每天卖半头猪；另一边摆一个鱼案子，每天卖一条鱼。其中鲤鱼每条约 50 斤上下，青鱼或草鱼约 80 斤上下，最大的可达百斤。也是像卖猪肉一样切成小片卖。据说现在根本没有那么大的鱼了。

这年的农历七八月间，父亲要我到蓼蓝窖跟随堂伯父严灿然（我按照大排行称呼他二爷）读书。二爷家住在蓼蓝窖的东岳庙里，他的私塾也设在东岳庙里。庙里还住着一位姓危的老人，我们称呼他危爹。他孤苦一人，靠挑担卖糖果香烟度日。他为人极好，但性情古怪。不吃大米饭，只吃蚕豆、豌豆或绿豆，大家称呼他豌豆八哥。他睡在一个装粮食的木柜上。这柜子大约只有五六十厘米宽，我们两人分两头睡。他怕我滚落到地下，就用一条腿压着我。可是他腿上有很多又粗又长的毛，刺得我很不舒服。他怕我心里委屈，总是跟我讲三兄弟怎么共睡一条扁担的故事。

入冬以后，二爷家搬迁到离蓼蓝窖不远的高家屋场，由高家四爹在自己家里为二爷办了一个私塾。我仍然跟随二爷读书，吃住也都在二爷家。同他的同父异母弟小名叫腊狗的叔父共睡一张床。他不久结婚，我还同他们共睡一张床。只是不再叫他小名，改称自然叔了。自然叔学裁缝，手艺不高，人又特别老实厚道，收入不多，日子过得很清苦。

我在蓼蓝窖读书时听说大妹芙蓉患病久治不愈，竟然过早地离开了人世，我伤心地哭了几场。她起病时我还在家，后悔没有很好地服侍和照顾她。现在已成永别，留下了终身的遗憾！

1945 年我回家了。父亲为了一家人的生活，同他的好友罗原道合伙在我家开糟坊烧酒。为此在我家西侧盖了两间土坯茅草房。小间设灶和蒸馏设施，大间放发酵桶和篾席凉糟谷。当时烧酒有两种方法，一种叫清桌，完全用新的粮食；一种叫搭桌，发酵时要搭上原先的部分糟谷。我家是用搭桌的方法。一次要用一担三斛谷，约合 220 市斤，能够出 80 多斤酒。用料以稻谷为主，有时也用高粱。我常常帮助烧火或凉糟谷。更多的时候是同我家的帮工张永林挑担到注滋口一带卖酒。

就在这一年，父亲帮助原道叔在我家办了一个私塾，我再次从师原道叔。开始学习古文，学习用文言文作文。记得第一篇作文是登大尖峰游记，该山峰就在我家西南数百米，我们常在春天上山游玩。父亲知道我能够用文言文写作，非常高兴，说了许多鼓励的话，并且非常认真地修改文稿，同时耐心地解释为什么这样修改。父亲对子女一向非常严肃，像这样细心认真的教诲并不多，所以给我很深的印象。

"八一五"日本投降了！一切又开始恢复正常。父亲还是希望我上洋学堂，多学些科学知识，将来成为科学家，能够对祖国做贡献。但正规小学一时还来不及恢复，我只好在家等待。帮助做些农事，包括砍柴、挑水、放牛、卖酒等，同时结交了几个放牛的好朋友。长期在我家帮工的严国安是一个多才多艺非常能干的人，为人又特别厚道。他写得一手好字，爱讲故事，编打油诗，还会拉胡琴、吹箫和竹笛等。我们把他当自家人一样，我称他国安哥，把他当老师学习。可以说我的童年是多灾多难，又是丰富多彩的，难得有那么多样的人生阅历。对我以后的成长多有影响，也是不无好处的。

学生时代

　　1946 年 2 月，设在新河口的五合乡中心小学恢复开学，我又随叔父去读书，上高小六年一期。二弟文思也一同在这个学校读初小。我家离这个学校所在的新河口有十七八里路，我几乎每个星期六下午都回家，星期日下午再赶回学校。路上要经过烂泥沟、牛氏湖等处，全部是乡间小路。下雨天路滑，过牛氏湖只有一个独木桥，下雨时如果不小心就会滑落到水里去。走这种路简直是一种考验。但我求学心切，经历了童年的磨难，好不容易上了这么一所好学校，这点困难完全不在话下，幸好我总算没有滑倒过一次。这个学校的教师比较整齐，教学水平比较高，是华容县的模范小学。老师中印象较深的有教地理和美术的黄剑萍（笔名黄花瘦），教国语和公民的高谷，教算术的王镇心，教音乐的杨镇藩，教体育的王克钊，还有单蓬莱和杜炳焕等。其中单蓬莱、王克钊、杨镇藩和叔父都是湖南第四师范的同学。校长是黎幹，他很少到学校来。教导主任是赵季恺，事务长是庞裕。我和大家一样，学习都非常用功，从此开始了我的学生时代。

　　老师中对我影响最大的是黄剑萍老师。他那时不过 20 岁上下，长得一表人才，为人极好，大家都很喜欢他。他还特别有才气，写得一手好文章，包括白话文和文言文，近体和古体诗词等，字也写得很好，还会画国画，真是多才多艺。我们毕业后上了初中，学英语很吃力，就在暑期中找黄老师补习。他还是一位进步青年，新中国成立前夕曾协助做党的地下工作，后曾任新湖南报等报刊的记者。我上北大后多年没有回老家，回家后首先想到的就是去看望他老人家。

小学毕业后随即于1947年初去考中学。当时华容县有两所中学。一所是1942年由著名教育家罗喜闻和周仁等创办的私立南山中学，开始设立在华容南山的禹山脚下，后来迁到了北景港。一所是1946年秋季才开办的华容县立初级中学，校长是时任代县长的老教育家张耀寰。他曾先后任岳郡联立中学及岳郡联立乡村师范校长。考虑到华容没有一所公立中学，于是将自己的田产卖掉，在沱江书院旧房子旁边盖了一栋新教室楼。春秋两季招生，除了招收初中学生，还特地设置了简易师范部以培养小学教师。沱江书院位于华容县城东北约三四里的黄湖山脚下，背山面湖。山上栽满杉树，郁郁葱葱；湖中遍植莲荷，十里清香。书院正门进去便是大礼堂，迎面墙壁上镶嵌四方大石，上面刻着"整齐严肃"四个大字。据说是朱熹为岳麓书院题字的石刻转拓而来。全校师生每星期一上午要在这里举行周会。

学校开办时我没有赶上，到第二学期才去考。我考的是初中第二班，简称中二班，全班开始有74名学生，毕业时只剩了28名，还包括几名插班生，淘汰率是很高的。同班同学中有李广生、刘济中、黎尚炎、汤铭、刘学明、李新义、杨家修、余松林等。最聪明的是李广生。记得升学考试后父亲带我去看榜，第一名就是李广生。到办公室去查询，才知道他的作文就得了100分！很是惊讶。后来才知道他连小学都没有上过，是他的祖父教他学习的。上学后门门功课都很好，但一点也不骄傲，待人很和气。三年级时他被选为校学生自治会主席，我当了学习委员。当时有些班出了文艺性墙报，我们班的墙报取名《晨风》，我负责组稿和编排，并画些花边和插图之类。每张墙报约两张报纸大小，用横格纸抄写。内容多是些小品文和诗词之类。当时中三班有位女生长得有点怪，又特喜欢出头露面。广生就写了一首调侃词，用特别醒目的位置标出。我现在还记得很清楚，内容是"走路未出庭，额头已碰门。颈比鹭鸶犹细，脚较水牛稍轻。唱歌如击破罐，沙沙其声！"大家都知道广生是个老实厚道的人，没有想到他也有调皮的时候，玩得还很有水平。这期墙报一下子吸引了许多人来看，出尽了风头。

县中老师中印象较深的有国文老师张作宪，数学老师蔡匡，植物动物和生理卫生老师赵树藩，化学老师胡太然，历史老师张忠，音乐老师卢道庸和曹保民，美术老师周继勃等。周老师是当地有名的画家，国画和漫画都很有水平。特别喜欢画鹰，自号周老鹰，在县城做过个人画展。蔡匡老师的课讲得极好，听他的课简直是一种享受。奇怪的是我每次听不到一半就睡着了，不过我的数学成绩总是很好。开始他关照过几次，后来就不干涉了。他和我的父亲和叔父都很要好，我有时还到他家里去玩。张忠老师教外国史非常生动，板书整整齐齐，一些外国名词还同时写英文。我对历史课一向没有兴趣，只有听张先生的课是例外。

我在五合乡中心小学上学时的教导主任是赵季恺，没有想到县中的教导主任还是赵季恺。他是江苏人，说话本来就不好懂。他教我们英文，发音实在太差，我们只好跟着学，自然也不正确，后来怎么也纠正不过来。此人对学生极为严厉，动辄用大戒尺打手心或是罚站，同学们都怕他。

1950年初中毕业了想考高中，首选是岳阳的建设中学或湖西中学。我就约了几个同学一起去。先是离我家最近的汤铭来找我。他住在东湖边上的袁家嘴，在我家以南约10里路。我们一起到县城约了李新义，又一同往东山三封寺约了焦光鉴，往墨山铺约了蔡政之，往三郎堰约了萧宜勉，往砖桥约了徐树凯，最后到洪水港约刘济中。洪水港东临长江，隔江就是湖北省，南面紧邻岳阳县界。我们雇了7匹马，浩浩荡荡地奔驰在长江大堤上。过岳阳广兴洲后就走进一望无际的芦苇林。当时芦苇已经干枯，许多人割了当柴烧或盖茅屋。整个洞庭湖边都是这种芦苇林，号称八百里柴林。因为柴林中十分隐蔽，一向是窝藏土匪的地方。有钱人路过往往被抢劫或遭杀害。我们沿途就几次遇到被杀害者的尸体，老远就嗅到刺鼻的腐臭味。回家后跟祖母和母亲说起这事，她们都很吃惊，说"你们好大的胆子！太不懂事了。要是知道你们走这条路，说什么也不会答应"。我们到岳阳对岸的芦席铺时已经很晚，渡船停止摆渡了。望着宽阔的湘江，就是没有法子过去。只好找个小店住下。第二天到岳阳，就近报考了建设中学。当时岳阳有两所高中，都很有名。建设中学原来是湖南省立第十一中学，在岳阳街区的北头，离船码头很近。另一所是私立的湖西中学，在岳阳街区以南，距离比较远。湖西的校长是华容南山的罗喜闻，他曾经组织何长工等留法勤工俭学，也帮助过毛泽东，是很有名气的教育家。我们因为手头拮据，不敢久留，就只考了建设中学，自我感觉不错，没有等到发榜就打道回府了。实际上我们大部分人都上不起学。后来只有汤铭上了建设中学，刘济中和徐树凯，还有李广生和黎尚炎等到县人民银行找了个点钞票的工作。我则经叔父推荐上了小学教师培训班。经过一个星期的培训，主要是政治学习，被分配到宋家嘴的华容第五完全小学任教。叔父则在西边相距七八里路的留仙窖华容第六完全小学当校长。

第五完全小学的校长是杜耀煊，教师有段德勋夫妇、罗世雄、周世英、杜炳焕等共计十名。除杜炳焕外都住在学校里。我的年龄是最小的，担任的课程却是最多的。包括二年级的语文、四年级的算术、五年级和六年级的地理和体育。每周有 30 节课，排得满满的。工资是县里统一规定的，全部用大米计算。分两级，一级每月 160 斤，二级 140 斤。我因任课最多，被定为一级。扣除伙食费，剩下的由学校雇人送到家里。周世英教美术，我也喜欢画画，有时向他请教。他有四幅古山水画，相当于 A4 纸大小。每幅都用咖啡色的漆皮纸包装并做旧，写明是唐阎立本的真迹。画的水平的确很高，估计是后人假托的。还有一位吴老师会拉二胡，我也向他学习，大家相处非常融洽。宋家嘴街道全部在河堤上，离学校不到百米。我们在晚饭后常常上街去泡茶馆，老板不但热情地沏茶、上点心，还打热水泡脚。如果想看戏还可以帮助买票。那种温馨的服务以后就很难得见了。

教小学的生活虽然不错，但我还是一心想升学。要上高中当然还是到省城长沙为好。可是暑期间父亲病了。左大腿内胯长了很大一个痈，痛得不行。为了防止发展和感染，就只好注射青霉素。开始是十万单位，止不住痛，后来都是二十万单位。我到县城的西药铺买，一支差不多要一担谷的价钱，很贵，那也没有办法。我给父亲注射，有时候他自己注射。但效果并不理想。为了止痛，他自己扎中医的针。在这种情况下我很难长期离开，但是父亲一定要我到长沙去考学校，我也只好依从。

记得是八月份的某一天，我卷起一床被子和几件换洗的衣服，母亲给了我几块银圆，我独自一人就上路了。先到县城买了一张去岳阳的宏船票，找地方住了一夜，第二天一清早就上船了。我是第一次坐这种大船。一船可以乘载四五十人，因为到岳阳至少要一天，所以船上准备了饭菜，还可以睡卧。我们上船后只有很小的风，两个大风帆张得满满的，还是走得很慢。船夫只得不断地摇橹。先是通过几十里的华容河才能进入洞庭湖。华容河又名沱江，是从长江通往洞庭湖的四条人工河之一，也是华容通往汉口和长沙的主要运输通道。我们的船慢悠悠地直到傍晚才进入洞庭湖，猜想恐怕要到第二天才能到岳阳了。可是看着船老大并不着急。我们吃过晚饭后只好聊聊天，困了就躺在船舱里睡觉。幸好不一会儿起风了，风力很大，可惜是逆风。这时几个船夫就忙开了。我们乘坐的宏船两边各有一个腰划子，平常悬空不着水面，侧风或逆风时大船向一侧倾斜，那边的腰划子就着水了，使得大船不至于倾翻。为了利用风力，大船就走之字形。一会儿向左，一会儿向右，走得飞快。船上很多人觉得奇怪，逆风怎么能行船呢？我在初中物理课中专门做过一道力的分解与合成的题目，正是要回答逆风如何行船的问题，这回是真实体验到了。不管怎样，我们的船是多跑了许多路，等到好不容易靠岸的时候，已经是月亮老高，估计是近半夜了。上岸后人生地不熟。走到塔前街看到一个华容同乡会馆的招牌，不怕打扰人家就试试叩门进去。老板听说我是要到长沙去考学的，非常高兴，特别热情地接待。正好有一个较好的床位空着，就让我用了。还连声说"你放心，不收你的钱！"我真是感激莫名。第二天一早他把我叫醒，还帮我打好行李，并且一直送到岳阳火车站，为我买了去长沙的火车票，一直到把我送上车，没有让我花一分钱。我们从不相识，他只是说有老家的年轻人出门考学就特别高兴，能够尽一份力完全是应该的。世上就有这样的好人！

　　到长沙火车东站下车后往哪里去？我急着考学，特别想考著名的省立一中，但不知道一中在哪里。走到离车站不远的小吴门邮局前，那里有许多人力车在候客。记得我在家的时候父亲特别叮嘱我，说长沙有所谓里手特别会骗人。你如果要到哪里去，又不知道路，可以坐人力车，只告诉他要去的地方，绝对不要问有多远，要多少钱，免得受骗。我找了一辆人力车，只说到一中去。那车夫拉着我就跑，转了好几条街，最后终于到了一中。要了多少钱已经记不清楚了，反正不少。我后来上了一中，才知道离小吴门其实很近。我想那个车夫看我是个外地来长沙考学的，一定不知道一中在哪里。否则不用叫车，自己就可以走过去。我虽然警惕怕被长沙里手骗了，终究扎扎实实地被骗了！在一中报名后又到明德、衡湘和妙高峰以及湘江对岸的第一师范等校报了名。当时没有统考制度，一次可以考许多学校，而且可以插班。我在华容县城开了许多证明，考一中和一师都拿毕业证报名，考高中新生；考明德报了一年二期，考衡湘报了二年一期，考妙高峰报了二年二期，后来到各校看榜都录取了。在明德中学报名时，不想碰到了我的小学同学何肖孚，两人都高兴极了。小学毕业后他上了南山中学，我在县立中学，就很少联系了。没有想到他也来长沙考学，同他一起来的还有卜乐云和汤英杰，卜也是我小学同班同学。他们三人都住在离一中不远的清水塘仁和酒店，我还没有找到地方落脚，正好就同他们住在一起了。我跟何肖孚商量，觉得还是要上一个好学校，不要跳级了。于是我们两人就上了一中，卜乐云和汤英杰上了育才。我到一师看榜时，发现有刘济中的名字，但不知道他住在哪里，只好等开学后去看他。

　　初到长沙，什么都感到新鲜。卖针的用钳子夹着一根针在木板上一扎一弹，表示他的针很好不易断。嘴里不断地念叨："老牌钢针，千块一包，每包二十五口，大小都有！"当时一千元相当于后来的一角钱，真是便宜。我们住乡下的，只能在游走的挑担上买针，一个鸡蛋换一根针，贵得离谱

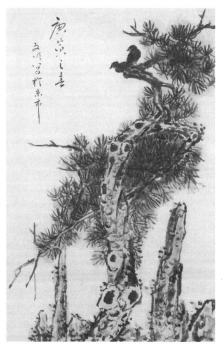

1950 年在长沙一中自学国画

了。长沙街上的橘子特别多又特别便宜，500元一斤，也就是5分钱一斤。我和何肖孚都没有钱，偶尔买一斤橘子两人分着吃好几天。长沙有几家电影院，票价很低，分300元和500元两档，我和肖孚都从来没有看过电影，竟然也看了好几场。

一中只有高中部，每期招四个班，这次招收的新生是55～58四个班，我和肖孚都在56班，全班有58名同学。校长是著名的老教育家陈润泉。我和肖孚因家里穷，享受了全额助学金。除了交伙食费还有一点零花钱。

1950年朝鲜战争爆发，10月中国人民志愿军入朝参战，国内掀起了抗美援朝爱国主义教育运动。不久上面又号召青年学生参加军事干部学校，我们班有不少同学报名。经过体检和考察，我们班的翟实斋、易庚山和刘如惠被录取进了空军，后来易庚山还当上了空军的教官。我当时也报了名，想当海军，还特地给父亲写了一封很动感情的长信。其实当时父亲久卧病床，已没有法子写信了。我则因为体格检查不合格没有被录取。到了12月初的某一天，突然接到堂兄森照的信，打开一看里面还夹带了五万元人民币，知道有故。一看是父亲故世了，顿时脑子一愦，天旋地转！老是想我要是不出来考学就好了，父亲那个病没有人照顾，不注射青霉素怎么能熬过去呢？现在家里只有祖母、母亲、三个弟弟和一个小妹，弟妹的年纪都还小，以后的日子会怎么过呢？我当即给森照哥写了一封长信，同时给叔父其嵩和堂伯父灿然写了长信，请他们尽可能关照我家。我想立即回家，可是在当时的环境下，回去也起不了多大作用。在外面读书，以后有个工作，也许多少能照顾一下家里。思虑再三，实在是左右为难。后来知道父亲是12月7日自尽的，他实在被病魔折磨得没有办法了！父亲是1915年农历十一月初六生人，享年仅仅35岁！

1950年冬至1951年春耕之前，南方新解放区进行土地改革，我家被划为地主，房屋和田产被没收。母亲和弟妹被驱赶到两里路以外的夏家庙，住到也被划为地主而被没收的房屋的一间偏屋里。叔父的房屋也被没收，一家人挤到我家的牛圈里。不久堂兄森照哥去世，他的妻子凤娇把房子拆了卖木料，自己跑到湖北找男人搭伙去了。

1951年上半年，我班的童恩正忽然不知去向。

1952年5月22日，根据上面的指示，撤销省立清华中学，将其并入省立一中，合并后改称长沙第一中学。清华中学原来在岳麓山的校址则成为新建立的中南矿冶学院的校址。原来的省立一中只有高中部，清华中学兼有高中和初中部。合并后的长沙一中也就有高中和初中两部。原来的班次也经过调整，我所在的 56 班跟 55 班合并成高一班。一中的前身是 1912 年 8 月创办的湖南全省公立高等中学堂，1914 年 5 月改称湖南省立第一中学，以后也曾改称其他名称，但以省立一中的名称最持久。我入校时的校长陈润泉是 1950 年 3 月上任的，不幸于 1952 年冬病故，临时由省教育厅副厅长和《新湖南报》社长朱九思兼任。他后来当上了华中工学院的院长，在高校中很有名气。

　　湖南一中因为历史悠久，办学很有成绩，培养了许多优秀人才，有南方小北大之称。学校历来注意延聘高水平的教师，他们不但业务好，人品也好，真正能做到为人师表。老师中印象最深的有语文老师彭靖、化学老师郭德垂、物理老师李仲涵、数学老师汪澹华、音乐老师曾水凡、历史老师黄济洋、体育老师柯中快等。彭靖老师是邵阳人，乡音很重但能听懂。他只上过初中，但有文学天才，还善旧体诗词，字也写得很好。后来还当了湘潭大学中文系的教授。他讲课总是很带感情，分析入情入理。我的语文水平本来一般，兴趣也不大。受老师的感染，居然也对文学发生了兴趣。学校的图书馆藏书丰富，而且全部开架。我就如饥似渴地看了许多文学书籍，包括《红楼梦》等四大名著，巴金、茅盾、鲁迅、郭沫若、曹禺、老舍以及外国的托尔斯泰、屠格涅夫、狄更斯、莎士比亚、易卜生等的著作都尽量找来看。在这种情况下我的作文居然也有些长进，在长沙市中学生的作文比赛中居然也榜上有名，尽管只得了个季军，总算是有很大的进步了。我们的数学老师先后有张德滋和汪澹华。张老师讲课一板一眼逻辑性很强。汪老师从 1929 年起就到一中教授数学，是我校年岁最长最受大家尊敬的老师。他讲课充满激情，常常打比喻，让枯燥的公式变得易懂易学。他要求我们要"精通原理原则，消灭计算错误"。要思考原理原则是怎么来的，不要不假思索地死记硬背。计算要细心认真，不可粗枝大叶。既循循善诱，又严格要求。化学老师郭德垂讲课条理分明，深入浅出，把一些难记的化学反应式编成口诀以帮助记忆，还把元素周期表简化成押韵的五言诗。我现在大致还能记得如下。虽然没有包括所有元素，因为大部分都有了，剩下的也就好记了。

> 一价：氟氯溴碘氢，钾钠银汞金，
>
> 二价：氧硫钡镁钙，铁钴镍锰锌，
>
> 三价：铅锡铂铜汞，锰锑氮磷砷，
>
> 五价：硼铝铁金铬，六价铬钨硫。

他后来也调到湖南大学当教授去了。生物学老师讲课也很有风趣，他首先问我们什么是生物，除了植物、动物还有没有生物？我们一时都答不上来。他说细菌是不是生物？大家才恍然大悟。他讲生命的起源，讲遗传学说，指出有摩尔根学派和米丘林学派。摩尔根认为各种生物都有自己特有的基因，才能够保证物种的遗传。比如鸡只能生鸡，狗只能生狗等。米丘林强调外因的作用，提出后天获得性遗传。比如苹果树如果一代一代地逐步往北移栽，就能逐渐获得抗寒的能力，这就是获得性遗传。这引起了同学们热烈的讨论。有的说摩尔根对，因为内因是根据，外因是条件，外因要通过内因才能起作用。有的说米丘林对，符合达尔文进化论。否则猴子只能生猴子，地球上就不会有人类了。老师也不做结论，目的就是要引起大家的思考和研究的兴趣。他带我们到湘雅医院解剖室，手术台上放了几十个半解剖的尸体，掀开盖布让我们了解人体的内部结构。手术台旁边还有一个大药池，里面泡了几十个尸体。时间短的呈白色，长的呈不同程度的蜡黄色。女同学都吓得大叫。后来老师又捉了几只青蛙让我们解剖，发现有些结构跟人体相似。这样生动的生物课激起我们极大的兴趣，高考时有不少同学报志愿时填了生物系。音乐老师曾水凡自己会作曲，会弹钢琴。除了上音乐课，还组织我们参加合唱团和歌咏比赛。我是班里的音乐干事，喜欢唱歌、拉二胡、吹笛子等，算是比较活跃的。高中三年是我全面发展的时期，在各门功课中最喜欢的是数理化，但并不偏爱，还喜欢文学、生物、美术、音乐等等。当时就有"学好数理化，走遍天下都不怕"的说法，是受批判和抵制的。我自认为没有受到不良的影响。尽管经济上十分困难，还是决定考大学，而且一定要考最好的大学。高考时报的第一志愿就是北京大学，居然被录取了！

1953 年 9 月，我从岳阳乘火车到武昌，转乘轮渡过江到汉口，再乘火车到北京。在经过华北大平原时只见一片黄土，看不到一点绿色，中国南北景观如此强烈的对比给人以极深的印象。到北京出火车站后即看到北京大学迎新的横幅，同学们热情地把我们接上卡车，一直开到西郊的燕园。一路上跟我们介绍说，北大原来在城里，去年院校调整，北大的系科有很大变化，校址也搬迁到原来的燕京大学，成了清华大学的邻居。附近有圆明园和颐和园，是一处风景特别秀丽的地方，是读书人理想的圣地。院校调整后的北京大学规模远大于燕京大学，房子不够用，便在未名湖以南盖了三栋教学楼。往南有附小，再往南有一条东西向的路沟，路沟南盖了一个大饭厅。这个饭厅能够容纳全校几千名学生吃饭，全校大会也可以在这里举行。饭厅的南面新盖了一片学生宿舍。饭厅和学生宿舍都是简易楼。清华也盖了同样的饭厅和学生宿舍，据说就是清华建筑系的学生设计的。我报考北大时可以填写三个不同系科的志愿，我的第一志愿是物理系，第二志愿是中文系，第三志愿是历史系，其实我是一心想考物理系，没有想到我最后被录取到了历史系。到北大后才知道我在长沙一中的同学有六人考取了北大，其中四人在物理系，一人在数学力学系。我自认为他们的学业成绩并不比我好。我竟然去了历史系，好歹进了北大，还是比较高兴的。当时北大的校长是著名的经济学家马寅初先生，据说是周总理亲自请他来执掌北大的。马校长为人特别亲和，做报告时开口就是"诸位兄弟！兄弟我今天要讲的是……"历史系主任是著名的历史学家翦伯赞先生，他是湖南桃源人，维吾尔族，但早已不会说维语了。我从小学、初中到高中，每个班都有一个固定的教室，每个学生的座位也是固定的。上了大学，却是一门课一个教室，上完一堂课要赶快跑到另一栋教学楼的某个教室，设法抢占一个较好的座位，不胜劳累。在湖南上学每天吃三餐米饭，菜也比较丰富。到北大早餐吃早点，稀饭馒头加咸菜，不习惯也吃不好。当时学苏联，上午要上六节课，而且要来回跑，到第五第六节课时又饿又乏又头晕，实在难受得很。我住在学生宿舍区的 21 楼一层朝北，当时北京冬天的风沙特别大，窗户又不严实，床铺和书桌上经常有一层土。上课时要往北经过大饭厅旁，再往北要过跨大横沟的木桥才能去教学区。那木桥很简陋，摇摇晃晃，雨雪天又很滑，不小心就可能滑倒。一年级时给我们上中国古代史的是张政烺先生，听说他是很著名的先秦史和古文字学家，但不善于讲课。上课时一手拿着讲稿一手拿着粉笔，想不起来时就拿粉笔敲脑袋。先生的板书写得很好，写完后要擦掉再写，一时找不到擦板，就用棉袄袖子擦，弄得半脑袋和上身一片白，我们看了觉得好笑又不敢笑。到第二学期时该选专业了。当时学苏联，叫作专门化。历史系有中国史、世界史和考古学三个专门化，我不知道选哪个好。当时考古教研室主任苏秉琦先生找我谈话，他听说我喜欢理科，就说考古是一个新兴学科，很有发展前途；考古的田野工作需要多种科技，室内研究也要有各种实验室，有理科基础是一个好条件，动员我选考古专门化，我就这样走上了考古的道路。不过考古专门化还属于历史专业，历史课的比重仍多于考古课。当时学生还可以自由选课，我在地质地理系选修了王嘉荫先生的"普通地质学"和"矿物学"；在中文系选修了阎简弼先生的"中国文学史"，还到生物系旁听了相关课程。总体课时虽然很多，却并不觉得负担有多么重，有的是时间玩。我同几个要好的同学经常到颐和园和西山八大处游玩，附近的圆明园倒去得不多。1954 年的暑假期间，我和同班历史专门化的饶良能、林华国、郑家馨、罗正清和秦声德五位同学带着简单的行李，徒步走到白洋淀，想看看《新儿女英雄传》里面描述的雁翎队活动的芦苇丛和游击英雄牛大水的原型人物。一路走去，饿了就到老乡家买个窝窝头。晚上找到小学教室把课桌一拼就当床。大家并不觉得苦，只是当作一种锻炼。但我这个湖南人对吃凉窝窝头很不适应，一路拉肚子。到了白洋淀，能够吃大米饭简直是一种享受。我们找到了一位据说可能是牛大水原型的船民，请他划着船在芦苇丛中来回穿梭，领略当年抗日游击队水上生活的情景。回到学校我又参加了民乐社和美术社，练习拉二胡，学画国画等，为学习生活添彩不少。

　　1956 年是令人心情快活的一年。这年 1 月召开全国知识分子会议，号召大家向科学进军。5 月又提出发展科学文化的"百家争鸣，百花齐放"的所谓"双百方针"，广大知识界人士欢欣鼓舞。3 月份在北京饭店召开全国考古工作会议，我作为学生也有幸全程参加了那个由郭沫若主持的重要会议。翦伯赞先生在会上大讲考古对于古代史研究的重要性，同时批评考古所半坡工地负责人不许在那里实习的学生抄写资料。这年北大历史系还请了多位外国专家讲课。其中有苏联专家安东诺娃，德意志民主共和国的洛赫，新西兰的德符和两位埃及专家。德符只做了一个讲座，他的第一句话就是：我到中国来就是想寻找故乡的。新西兰的原住民是毛利人，他们的房子和船上的装饰花纹很像中国商周青铜器上的花纹。他们用的有段石锛按照林惠祥先生的分类都是高级型的，中国东南沿海有大量初级型和中级型的，可见毛利人很可能是从中国东南跨洋过海到新西兰这个岛上来的。我们听了都感到很新鲜。上学期埃及专家阿·费克里讲"古代埃及史"，讲得有声有色，讲课内容由校长秘书高望之翻译，当年就由科学出版社正式出版。下学期埃及专家穆斯塔法·埃米尔讲"埃及考古学"，由西语系林幼琪翻译，到1959年才由科学出版社正式出版。从此我对埃及乃至西亚考古

钢笔画习作（1957年8月华容夏家庙自家门前）
上：三弟文光　下：二弟文思

发生了兴趣。这年暑假期间由裴文中和吕遵谔先生带领到内蒙古赤峰一带实习，我写了一篇《裴老带我们实习》的文章，载《足迹——考古随感录》，详细讲了那次实习的情况。

1957 年令人难忘。5 月 1 日中共中央发布整风号召，说是要整顿官僚主义、主观主义和宗派主义三种歪风，提倡大鸣大放。上学期结束后，我在暑假期间回了一趟湖南的老家。返校后的下学期就到河北邯郸实习去了，学校里的情况都是后来听说的。

关于邯郸实习的情况，我在《邯郸实习忆旧》（见《丹霞集——考古学拾零》，文物出版社，2019 年）中有详细的记载。实习结束后，大队伍回校，我和邹衡先生留下整理涧沟和龟台的陶片，直到 1958 年 2 月才回校。我回校后同邹衡先生一起继续在考古库房整理邯郸实习的资料。在整理涧沟两个灰坑中出土的人头骨时，发现上面有砍伤和割头皮的痕迹，感到非常惊喜。我后来写了一篇《涧沟的头盖杯和剥头皮风俗》，发表在《考古与文物》杂志上。

1958 年是不平常的一年。2 ~ 4 月全国开展了反贪污、反浪费的双反运动。学校则主要是检查思想，各人首先自查，把自己痛骂一顿；然后大家帮助，狠狠地批判。之后科学院考古研究所副所长尹达到考古专门化做报告，首次提出要"建立马克思主义中国考古学体系"的号召，引起很大反响。

5 月份中央发布"鼓足干劲，力争上游，多快好省地建设社会主义"的总路线。我和学校的许多师生被派往昌平参加修十三陵水库的劳动。那是特强的体力劳动，不分日夜地挖土运土拼命干，饿了就吃窝窝头。回校后就开展思想革命，要拔白旗插红旗。从大饭厅直到南校门铺上红砖，象征又红又专。在镜春园北面有一个臭水塘，里面有很深的淤泥，学校动员师生要把它清理干净后建游泳池。我下去后才知道淤泥齐腰深，掏完泥后上来用水冲洗后，才知道整个下半身都被染成乌黑了。

8 月初我们班才正式毕业，要分配工作，自己可以填写志愿。我们志愿去的地方多半是边疆或其他最艰苦的地方。我填的志愿是内蒙古和新疆，没有想到留在了北大。跟我一同留下的还有一位朝鲜族的白瑢基。他本来是朝鲜人，在汉城的金日成中学读书。后来一家人迁到了吉林延边朝鲜族自治州，他要上大学就考上了北大。留他的意思是想让他研究中国东北地区和东北亚考古，以便后来开设相关的课程，因为他的日文也很好，条件不错。可是他在汉城有一位未婚妻，结婚后他的妻子曾经来过北大，长得很漂亮，也很贤惠。后来中国连续三年经济困难，中朝关系也有些紧张，双方来往十分不便。于是在1964年他申请去朝鲜探亲后就再也没有回来了。我曾经多次从各方面打听都没有任何消息。

初当老师

我留校后试用一年的月工资是46元，一年后是56元，以后又调整到62元，因为遇上了"文化大革命"，十多年没有变动。当了大学老师，如此待遇令人难以相信。尽管如此，既然当了老师，就得尽职尽责，教书育人。我的任务是教新石器时代考古，同时任教研室秘书，协助苏秉琦和宿白先生安排课程，从此开始了我的教学生活，但是并不顺畅。这时"大跃进"开始了。全国到处掀起了大炼钢铁的热潮，学校筑起了许多土高炉，我们教研室也在30楼后面筑了一个土高炉。吕遵谔老师任技师，我当班长。苏秉琦和阎文儒等老先生也参加进来。阎先生把自己家的一口铁锅和一块暖气片也都拿来炼钢！最终也跟大家一样，炼出来的不过是一堆烂铁渣子。生物系批判了试管育秧苗后，就在小东门外找了一块地，深翻7尺，每亩种300斤小麦，施了大量肥料。还不断地放送音乐，晚上用灯光照明。靠路边挖了一个大剖面，以便观察根系的发育是不是长到了7尺深。化学系拿红薯做橡胶，校园到处铺满红薯干，也没有听说是否炼出了橡胶。报纸上则天天有放卫星的消息。开始是某地小麦亩产7000斤，接着就有某地水稻亩产几万斤乃至几十万斤的报道。大家都知道那是不可能的，却要不断检讨自己太保守。

外面很热闹，我和邹衡先生继续整理邯郸考古实习资料，我完成了邯郸龟台寺考古发掘报告，邹先生完成了邯郸涧沟考古发掘报告，俞伟超完成了邯郸齐村百家村战国墓葬发掘报告。后来都交给苏秉琦先生审查，"文革"中几乎丢失，至今没有出版。

在校党委的号召下，考古专业师生提出要批判资产阶级考古学，为建立马克思主义考古学而斗争。分头编写《中国考古学》讲义。我和57级二年级同学共同编写新石器时代考古，写出了5万字，其他各段也是师生结合共同编写，最后合在一起于1960年铅印为红皮本的《中国考古学》。这期间不过名义上当了老师，却没有真正上一堂课！

1959年原定2月某日带学生去陕西华县实习，系办公室贵增祥先生都跟我买好了火车票，明天就要出发，不巧下午5点左右我正在整理行李时突发胃痛倒地。朱承思和林华国把我送到校医院，知道是急性胃穿孔，当即请清华大学一位有经验的谢大夫动手术。麻醉药用多了直到第二天下午约14时才醒来，我还以为是早晨天亮了！后来知道手术做得不理想，刀口长了一个大肉瘤，时常发病，甚至少量便血。我还惦记着华县考古，暑期中一人跑到华县泉护村，由张忠培介绍泉护与元君庙考古发掘的情况，他特别提到苏秉琦先生将泉护一期的陶器归纳出四类八种。

1960年2月我同李仰松和夏超雄带领57级全班到洛阳王湾进行田野考古实习，我全面负责业务指导。这个地点上学期已经由邹衡和夏超雄带领55级进行了考古发掘实习，文化遗存十分丰富。我们在上次发掘区南布置发掘区，发掘结果对上次有所补充和修正，收获颇丰。我在《王湾考古琐记》中比较详细地记载了这次实习的结果。

1961年全国面临经济极度困难，学校食堂很少有细粮，常常只有蒸红薯，或者用玉米芯碾碎夹菜帮树叶之类做的忆苦饭。我的胃病没有好，吃这些东西就会钻心痛，甚至引起胃出血。每人的粮食是限量供应的，定量都很低，经常吃不饱。我当时与本系的青年教师同住19楼，两人合住不到10平方米的一间房。有些教师实在饿不过，就到郊外收完大白菜的地里找剩下的菜帮等弄回来吃。我不是吃不饱，而是吃不下。没有办法，只好尽量少活动，埋头修改新石器时代考古的讲义，下期给60级讲授新石器时代考古课程。

1962年下学期由高明带队，加上我、夏超雄、李伯谦和张剑奇，带领59级学生到安阳实习，发掘大司空村的商代晚期墓地，接着在安阳东西两边，沿着洹河两岸进行考古调查与试掘，基本理清了豫北新石器时代文化发展的脉络，纠正了大司空类型和后岗类型相对年代被倒置的错误。我写了《安阳考古记略》（载《丹霞集》）。

按照教学计划，59 级同学要在 1963 年下期分组进行专题实习。我主动要求带学生到甘肃实习，一是想了解所谓彩陶文化是不是通过甘肃走廊从西方传播过来的，二是想弄清楚所谓半山式彩陶是不是专门为死人随葬用的。因为最早在甘肃做考古调查的安特生在他所写的《甘肃考古记》中把马家窑式彩陶和半山式彩陶都列入仰韶期，认为前者是住地遗存，是生活用品；后者只用于为死人随葬，上面的锯齿纹应该称为丧纹。安志敏先生给我们上新石器时代课时也重复了这一说法，我对此表示怀疑。当年 9 月初，我和俞伟超一起带领 5 名 59 级同学到甘肃兰州实习。我带张万仓整理兰州雁儿湾和西坡峁马家窑期的资料，带张锡英整理兰州白道沟坪马厂期墓地的资料。带姚义田整理武威皇娘娘台齐家文化遗址的资料。接着带领他们三人发掘兰州青岗岔遗址，首次发现一座保持完好的半山期房址，那里面的彩陶显然不是随葬用的。那是一次最艰苦而收获最大的考古工作，我写了一篇《难忘的青岗岔》，载《足迹——考古随感录》。俞伟超则带杜在忠和杨来福整理武威汉墓的资料。

甘肃实习回来，学校即派我赴通县骚子营与考古研究所的同志一道搞"四清"。1964 年 10 月又去朝阳区北甸搞"四清"，接着就去首都机场旁的天竺搞为期半年的"四清"，短暂回校后又被派到昌平县后牛坊搞"四清"，连续开展农村的阶级斗争，这时北京大学也由中央宣传部派工作队来校接管校党委，实际上是"文化大革命"的预演。我刚刚准备认真教书，同时潜心做考古工作与研究的愿望不得不暂时中断了！

教书育人

我是在 1961 年秋才正式给 58 级考古专业的学生讲授"新石器时代考古"课程的，从那以后几乎每年都要上这门课，每年都有些新的内容。因为随着全国考古工作的进展，每年都有许多新的发现，某些原来的认识往往被新的发现所充实或改正。作为一门课程，不但要尽量收集新的资料和研究成果，还必须加以消化和系统化。所以我每年都要花很大的精力补充和修改讲义。直到 1964 年初才完成一部 20 多万字的正式讲义，由北京大学印刷厂出了一个红皮铅印本。不久就因为不断的政治运动特别是十年"文革"的严重干扰，根本不可能进行新的补充或修改。"文革"以后中国考古学迎来了一个蓬勃发展的黄金时代，新的发现和研究成果层出不穷，我再也没有精力重新编写了，只能还用老讲义，再补充编写一些新资料充数，自觉有些力不从心，该有年轻人接棒了。时隔多年，没有想到有些朋友还挺看重那个 1964 年红皮本的《中国新石器时代考古》讲义，要文物出版社正式出版。我想在新的中国新石器时代考古教材或专著出版以前，把老讲义作为一块铺路石拿出来也不是毫无意义的，出版以后《人民日报》也做了介绍，看来效果还可以。

我认为作为考古专业的学生，首先要了解什么是考古学。可是除 20 世纪 50 年代初夏鼐先生为我们讲过一次"考古学通论"，以后再没有开设过类似的课程。我不揣冒昧从 1990 年起即为本科生讲授"考古学导论"，直到 1998 年。本来想结合讲课的内容写一本《考古学导论》的教材，但力不从心，只是写了一些相关的文章，后来结集为《走向 21 世纪的考古学》由三秦出版社出版。二十多年后又把续写的一些文章合编在一起，名为《考古学初阶》，还是希望能够多少起到一点启蒙的作用。

北大考古专业创立之初，中国考古学的课程就是请相关专家分时段讲授的，例如旧石器时代考古请裴文中先生讲授，新石器时代考古请安志敏先生讲授，商周考古请郭宝钧先生讲授等等。后来由较年轻的教师接棒，还是分时段讲。可是历史系首先是讲中国通史和世界通史，然后才讲断代史，让学生有一个整体的概念。考古专业理应先讲中国考古学，然后再分时段讲旧石器时代考古和新石器时代考古等等才比较合适。可是谁来开这门课呢？宿白先生提议由我们两个人抬。我讲先秦部分，秦汉以后全部由宿白先生自己担任。以后逐渐由年轻人接棒，这事就办成了，效果还不错。

我从 1979 年协助苏秉琦先生指导佟伟华和杨群两名硕士研究生，1981年开始独立招收硕士生，先后有吴玉喜、李权生、赵辉、王辉、李岩、胡木成、李水城、张弛、郑晓瑛（协助吴汝康先生指导）、段宏振、徐祖祥、李宗山、戴向明、吴卫红、樊力、霍丽娜、韩建业、贾汉清和张强禄等，同时参与指导历届研究生班的学生。1992 年开始招收博士生，先后有孙祖初、李水城、张弛、钱耀鹏、江美英、金教年（韩）、赵春青、韩建业、洪玲玉、陈洪海、魏峻、秦岭和员雪梅等。其中不少已经成为知名学者，引领中国考古学的发展和诸多历史问题的研究与探索，这是我作为老师最感欣慰的地方。只有一点稍不如人意的就是那个金教年，他看起来很憨厚，却有一股子倔脾气。此人回韩国后再无音信。

北大考古专业从 20 世纪 70 年代开始接受外国留学生和进修生，我从这个时候也开始指导留学生和进修生，此前还曾协助苏秉琦指导越南研究生黄春征。我于 1977～1979 年指导美国进修生顾道伟（David W. Goodrich），1982～1984 年指导德意志联邦共和国高级进修生韦莎婷（Jenette Augustewerning），1983～1984 年指导日本高级进修生小川静夫（后改名大贯静夫），1985～1987 年指导新西兰进修生冯衍宗（Christopher David Pung），1987 年指导加拿大的文德安（Anne P. Underhill），1987～1989 年指导日本高级进修生中村慎一，1988～1991 年指导日本进修生内田恂子，1989～1992 年指导日本高级进修生小泽正人，1991 年指导日本高级进修生渡边芳郎和后藤雅彦，同年还指导英国的欧立德（Mark Elliod）和加拿大的陆珍妮（Jany Lucus），1991～1992 年指导日本高级进修生宫本一夫，1992 年指导法国的克莱尔（Claire Dienstag）和墨西哥的罗莎（Rosa elena Moncayo），还有以色列的吉迪（Gideon Shelach-Lavi），1996～1998 年指导日本的小宫山真实子等。其中大贯静夫一直在东京大学任教，对包括俄罗斯远东地区的东北亚考古有较深入的研究。中村慎一当了日本金泽大学的副校长，长期研究良渚文化和稻作农业的起源。宫本一夫当了日本九州大学的副校长，对中国北方文化有较深入的研究。文德安从加拿大温哥华卑诗大学转入美国芝加哥大学后，长期与山东大学合作发掘两城镇遗址，对龙山文化的陶器有较深入的研究。吉迪曾对红山文化的遗址进行多次调查和研究，后来当了以色列希伯来大学的副校长，对黎凡特地区做了不少考古工作。

我作为教师总是要求学生德艺双馨，注意业务能力和学术道德的培养。要求学生做的，自己首先要做到。还要做到教学相长，虚心向学生学习。即使是初学考古的本科生，他们的提问有时也能启发我对某些问题的进一步思考。研究生选择的课题多半是学术发展的前沿，在指导学生如何研究时自己也必须进行研究，这对提升自己的业务能力和学术水平也大有好处。

肆　学术论著

专著与文集

1. 《新石器时代》，北京大学印刷厂，1964 年。

2. 《仰韶文化研究》，文物出版社，1989 年。

3. 《远古时代》，《中国通史》（第二卷），苏秉琦主编，与张忠培等合著，上海人民出版社，1994 年。2010 年改出单行本，改名为《中国远古时代》，仍由上海人民出版社出版。

4. 《走向 21 世纪的考古学》，三秦出版社，1997 年。

5. 《史前考古论集》，科学出版社，1998 年。

6. 《长江文明の曙光》，与梅原猛等合著，日本角川书店，2000 年。

7. 《农业发生与文明起源》，科学出版社，2000 年。

8. 《长江文明的曙光》，湖北教育出版社，2004 年。

9. 《仰韶文化研究》（增订本），文物出版社，2009 年。

10. 《中国远古时代》（合著），上海人民出版社，2010 年。

11. 《足迹：考古随感录》，文物出版社，2011 年。

12. 《中华文明的始原》，文物出版社，2011 年。

13. 《中国新石器时代》，文物出版社，2017 年。

14. 《考古学初阶》，文物出版社，2018 年。

15. 《丹霞集——考古学拾零》，文物出版社，2019 年。

16. 《浚哲诗稿：附亲友诗选》，文物出版社，2019 年。

17. 《长江文明的曙光》（增订版），文物出版社，2020 年。

18. 《严文明论良渚》，科学出版社，2020 年。

19. 《耕耘记——流水年华》，文物出版社，2021 年。

20. 《中国史前艺术》，文物出版社，2022 年。

论文编年

1958～1962 年

1.《〈内蒙古自治区发现的细石器文化遗址〉读后》,《考古通讯》1958 年 4 期。

2.《1957 年邯郸发掘简报》,署名"邯郸考古发掘队",分别由邹衡(涧沟)、严文明(龟台)、俞伟超(齐村、百家村)执笔,《考古》1959 年 10 期。

3. 北京大学历史系考古专业编:《中国考古学》讲义第二编《新石器时代》中《长城以北的细石器文化》和《龙山文化》两章,北京大学印刷厂,红皮铅印本,1960 年。

4.《洛阳王湾遗址发掘简报》,与李仰松合署执笔,《考古》1961 年 4 期。

1964～1965 年

1.《三里桥仰韶遗存的文化性质与年代》,与张忠培合署,《考古》1964 年 6 期。

2.《论庙底沟仰韶文化的分期》,《考古学报》1965 年 2 期。

1976 年

1.《从马家窑类型驳瓦西里耶夫的中国文化西来说》,署名连城考古发掘队,《文物》1976 年 3 期。此文是笔者 1975 年在承德避暑山庄参加"北方边疆各省区考古座谈会"时提交的论文,原题为《马家窑类型是庙底沟类型的继续和发展》,后由张学正配图,《文物》杂志编者改题发表。

2.《岐山凤雏第一号西周房基第二次发掘取得重要进展》,《周原考古简讯》第九期,1976 年。

3.《十万个为什么》第 19 册《人类史》，负责组稿、编辑，执笔 6 条：
为什么说长江流域是栽培水稻起源地区之一？为什么说新石器时代已有纺
织？为什么说新石器时代已有文字的萌芽？什么是贝丘遗址？彩陶艺术说
明了什么？陶轮是怎样发明的？上海人民出版社，1976 年。

1977 年

1.《半坡仰韶文化的分期与类型问题》，《考古》1977 年 3 期。此为摘
要，全文载《仰韶文化研究》（1989 年）并附《续记》。

2.《江陵毛家山发掘记》，署名纪南城考古发掘队，《考古》1977 年
3 期。

1978 年

1.《甘肃彩陶的源流》，《文物》1978 年 10 期。

1979 年

1.《黄河流域新石器时代早期文化的新发现》，《考古》1979 年 1 期。

2.《大汶口文化居民的拔牙风俗和族属问题》，《大汶口文化讨论文
集》，齐鲁书社，1979 年。

1980 年

1.《论半坡类型和庙底沟类型》，《考古与文物》1980 年 1 期。

2.《论青莲岗文化与大汶口文化的关系》，《文物集刊》第 1 集，
1980 年。

1981 年

1.《姜寨早期村落布局及其所反映的社会组织结构》，与巩启明合署，
《考古与文物》1981 年 1 期。

2.《龙山文化和龙山时代》，《文物》1981 年 6 期。

3.《〈鹳鱼石斧图〉跋》，《文物》1981 年 12 期。

1982 年

1.《中国稻作农业的起源》，《农业考古》1982 年 1、2 期。

2.《涧沟的头盖杯和剥头皮风俗》，《考古与文物》1982 年 2 期。

3.《中国古代的陶支脚》，《考古》1982 年 6 期。

1983 年

1.《山东长岛县史前遗址》，《史前研究》1983 年 1 期。

2.《山东省海阳、莱阳、莱西、黄县原始文化遗址调查》，署名北京大学考古实习队、烟台地区文物管理委员会，《考古》1983 年 1 期。

3.《中国新石器时代早期文化的发现与研究》，《1983 中国百科年鉴》，中国大百科全书出版社，1983 年。

1984 年

1.《论中国的铜石并用时代》，《史前研究》1984 年 1 期。

2.《史前考古学的理论基础——纪念〈起源〉发表一百周年》，《史前研究》1984 年 4 期。

3.《从埋葬制度探讨社会制度的有益尝试——〈元君庙仰韶墓地〉读后》，《史前研究》1984 年 4 期。

4.《农业考古与现代考古学》，《农业考古》1984 年 2 期。

5.《（1983 年的）新石器时代考古》，《中国考古学年鉴·1984》，文物出版社，1984 年。

1985 年

1.《远古的北京》，《北京史》第一章，北京出版社，1985 年。

2.《新石器时代考古研究的回顾与前瞻》，《文物》1985 年 3 期。

3.《新石器时代考古研究的两个问题》，《文物》1985 年 8 期。

4.《考古资料整理中的标型学研究》，《考古与文物》1985 年 4 期。

5.《夏代的东方》，《夏史论丛》，齐鲁书社，1985 年。

6.《（1984 年的）新石器时代考古》，《中国考古学年鉴·1985》，文物出版社，1985 年。

7.《高校"七五"科研规划咨询报告——考古学》，与宿白合署，《哲学社会科学研究现状和发展》，北京大学出版社，1985 年。

8.《简明不列颠百科全书》（中国大百科全书出版社，1985 年）中有关中国新石器时代考古及李济、梁思永等共写了 15 条，并负责其余有关中国考古学诸条目的组织编写工作。

1986 年

1.《胶东原始文化初论》，《山东史前文化论文集》，齐鲁书社，1986 年。

2.《横阵墓地试析》，《文物与考古论集》，文物出版社，1986 年。

3.《仰韶文化研究中几个值得重视的问题》，《中原文物》特刊《论仰韶文化》，1986 年。

4.《在燕山南北长城地带考古专题座谈会上的发言》，《燕山南北长城地带考古专题座谈会文集》，沈阳，1986 年。

5.《在内蒙古西部原始文化座谈会上的发言》，《内蒙古文物与考古》第 4 期，1986 年。

6.《片断的回忆》，《翦伯赞学术纪念文集》，北京大学出版社，1986 年。

7.“马家窑文化”“马家窑遗址”“石岭下遗址”“半山遗址”“马厂遗址”“北京大学考古专业”共 6 条，《中国大百科全书·考古学》，中国大百科全书出版社，1986 年。

1987 年

1.《中国史前文化的统一性与多样性》，《文物》1987 年 3 期。

2.《山东长岛北庄遗址发掘简报》，署名北京大学考古实习队等，严文明、张江凯执笔，《考古》1987 年 5 期。

1988 年

1.《半坡村落及渭河流域的原始部落》，《半坡仰韶文化纵横谈》，文物出版社，1988 年。

2.《中国稲作農業の起源と展開》，《日本にぉける: 稲作農業の起源と展開》，日本静冈，1988 年。

1989 年

1.《从王湾看仰韶村》，《仰韶文化研究》，文物出版社，1989 年。

2.《西阴村史前遗存分析》，《仰韶文化研究》，文物出版社，1989 年。

3.《北首岭史前遗存剖析》，《仰韶文化研究》，文物出版社，1989 年。

4.《仰韶房屋和聚落形态研究》，《仰韶文化研究》，文物出版社，1989 年。

5.《半坡类型的埋葬制度和社会制度》，《仰韶文化研究》，文物出版社，1989 年。

6.《东夷文化的探索》，《文物》1989 年 9 期。

7.《略论中国栽培稻的起源和传播》，《北京大学学报》（哲学社会科学版）1989 年 2 期。

8.《再论中国稻作农业的起源》，《农业考古》1989 年 2 期。

9.《安徽新石器文化发展谱系的初步观察》，《文物研究》第 5 辑，黄山书社，1989 年。

10.《中国农业和养畜业的起源》，《辽海文物学刊》1989 年 2 期。

11.《中国新石器时代聚落形态的考察》，《庆祝苏秉琦考古五十五年论文集》，文物出版社，1989 年。

12.《尹达对新石器时代考古的贡献》，《中国原始文化论集——纪念尹达八十诞辰》，文物出版社，1989 年。

13.《中国稲作農業の起源》，《中国の稲作起源》，東京六興出版株式会社，1989 年。

1990 年

1.《略论仰韶文化的起源和发展阶段》，《纪念北京大学考古专业三十周年论文集》，文物出版社，1990 年。

2.《中国史前稻作农业遗存的新发现》，《江汉考古》1990 年 3 期。

3.《碰撞与征服——花厅墓地埋葬情况的思考》，《文物天地》1990 年 6 期。

4.《努力促进农业考古研究》，《农业考古》1990 年 2 期。

5.《山东史前考古的新收获——评〈胶县三里河〉》，《考古》1990 年 7 期。

6.《喜读〈淅川下王岗〉》，《华夏考古》1990 年 4 期。

7.《史前聚落考古的重要成果——〈姜寨〉评述》，《文物》1990 年 12 期。

8. Implantations humaines au neolithique en Chine trouvailles et recherches recentes，*L' Anthropoiogie*（Paris），Tome94，No. 4，1990.

1991 年

1.《考古研究所四十年研究成果展览笔谈》，《考古》1991 年 1 期。

2.《内蒙古中南部原始文化的有关问题》，《内蒙古中南部原始文化研究文集》，海洋出版社，1991 年。

3.《内蒙古史前考古的新阶段》，《内蒙古中南部原始文化研究文集》，海洋出版社，1991 年。

4.《珠海考古散记》，《珠海考古发现与研究》，广东人民出版社，1991 年。

5.《中国稻作的起源和向日本的传播》，《文物天地》1991 年 5、6 期。

6.《中国先史稲作遺物の新発見》，《東ァジァの社会と经济：1989》，大阪经济法科大学出版部，1991 年。

7.《中国稲作農耕の起源ぉよび早期にぉける伝播》,《日本にぉける稲作農耕の起源と展開》,東京学生社,1991 年。

8. China's earliest rice agriculture remains, Papers from the 14th IPPA congress, Yogyakarta. *Bulletin of the Indo-Pacific Prehistory Association*, No. 10, 1991.

1992 年

1.《略论中国文明的起源》,《文物》1992 年 1 期。

2.《〈华夏文明之源〉序》,河南人民出版社,1992 年。

3.《〈长江中游新石器时代文化概论〉序》,湖北科学技术出版社,1992 年。

4.《〈燕园聚珍〉前言》,署名北京大学考古学系,文物出版社,1992 年。

5.《温故知新,继往开来》,《中国文物报》1992 年 12 月 7 日。

6.《中国にぉける稲作農業の起源と伝播》,《弥生文化博物館研究报告第一集》,1992 年。

7.《中国にぉける金石并用時代の考古学——その新発見からの初歩の考察》,《日本中国考古学会会报》第 2 号,1992 年。

8.《中国先史時代研究の現状と課題》,《東ァヅァの社会と経済:1991》,大阪经济法科大学出版部,1992 年。

9. Origins of agriculture and animal husbandry in China, *Pacific Northeast Asia in prehistory*: *hunter-fisher-gatherers*, *farmers*, *and sociopolitical elites*, WSU Press, 1992.

1993 年

1.《难忘的青岗岔》,《文物天地》1993 年 1、2 期。

2.《专家笔谈丁公遗址出土陶文》,《考古》1993 年 4 期。

3.《古代陶器的长石分析与考古研究》,与刘方新、王昌燧等合署,《考古学报》1993 年 2 期。

4.《龙山时代考古新发现的思考》,《纪念城子崖遗址发掘 60 周年国际学术讨论会文集》,齐鲁书社,1993 年。

5.《炎黄传说与炎黄文化》,《炎黄文化与民族精神》,中国人民大学出版社,1993 年。

6.《半坡类型陶器刻划符号的分类和解释》,《文物天地》1993 年 6 期。

7. 《东北亚农业的发生与传播》，《农业考古》1993 年 3 期。

8. 《〈中国河姆渡文化〉序》，浙江人民出版社，1993 年。

9. 《雁儿湾与西坡呱》，与张万仓合署，《考古学文化论集》（三），文物出版社，1993 年。

10. 《在中国古代北方民族考古学文化国际学术研讨会闭幕式上的讲话》，《内蒙古文物考古》1993 年 1、2 期。

11. 《陕西省考古研究所成立三十周年贺词》，《考古学研究》，三秦出版社，1993 年。

1994 年

1. 《蓬莱仙岛上的史前村落》，《中华文化讲座丛书》第 1 集，北京大学出版社，1994 年。

2. 《中国环壕聚落的演变》，《国学研究》（第 2 卷），北京大学出版社，1994 年。

3. 《考古遗址的发掘方法》，《考古学研究》（二），北京大学出版社，1994 年。

4. 《考古学研究》（二）后记，北京大学出版社，1994 年。

5. 《中国古代文化三系统说》，《日本中国考古学会会报》第 4 号，1994 年 9 月 15 日。

1995 年

1. 《〈美术考古学导论〉序》，山东大学出版社，1995 年。

2. 《中国古代文化三系统说——兼论赤峰地区在中国古代文化发展中的地位》，《中国北方古代文化国际学术研讨会论文集》，中国文史出版社，1995 年。

3. 《专家座谈安徽蒙城尉迟寺遗址发掘的收获》，《考古》1995 年 4 期。

4. 《办好刊物，繁荣学术——纪念〈考古〉创刊 40 周年笔谈》，《考古》1995 年 12 期。

5. 《良渚文化——中国文明的一个重要源头》，《寻根》1995 年 6 期。

6. 《高校"八五"科研规划咨询报告——考古学》，《人文社会科学研究现状与发展趋势》，高等教育出版社，1995 年。

7. 《略论中国文明の起源》，《物质文化》第 58 号，1995 年。

8.《文明の曙光——長江流域にぉける中国最古の城市と巨大建筑》，《日中文化研究》第 7 号，1995 年。

9.《中国史前の稲作農業》，《東ァヅァの稲作起源と古代稲作文化》，佐賀大学農学部，1995 年。

10.《山東楊家圈稲谷発見の意義》，《東ァヅァの稲作起源と古代稲作文化》，佐賀大学農学部，1995 年。

1996 年

1.《中国文明起源的探索》，《中原文物》1996 年 1 期。

2.《中国王墓的出现》，《考古与文物》1996 年 1 期。

3.《良渚随笔》，《文物》1996 年 3 期。

4.《高校"九五"科研规划咨询报告——考古学》，《人文社会科学研究现状与发展趋势》，高等教育出版社，1996 年。

5.《良渚遗址的历史地位》，《浙江学刊》1996 年 5 期。

6.《良渚文化と中国文明の起源》，《日中文化研究》第 11 号，1996 年。

7.《集落》，雄山阁出版季刊考古学 54 号《日中交流の考古学》，1996 年。

1997 年

1.《黄河流域文明的发祥与发展》，《华夏考古》1997 年 1 期。

2.《近年聚落考古的进展》，《考古与文物》1997 年 2 期。

3.《纪念〈考古与文物〉创刊 100 期笔谈》，《考古与文物》1997 年 2 期。

4.《稻作农业与东方文明》，《中日东方思想研讨会论文集》，上海三联书店，1997 年。

5.《聚落考古与史前社会研究》，《文物》1997 年 6 期。

6.《龙山时代城址的初步研究》，《中国考古学与历史学之整合研究》，史语所，1997 年。

7.《香港考古印象》，《中国文物报》1997 年 7 月 13 日。

8.《谱写北方考古的新篇章》，《中国文物报》1997 年 8 月 17 日。

9.《我国稻作起源研究的新进展》，《考古》1997 年 9 期。

10.《〈大甸子〉——北方早期青铜文化研究的硕果》，《考古》1997 年 10 期。

11.《中国史前的稻作农业》，《'93 西安周秦文化学术会议文集》，

1997 年。

12.《走向 21 世纪的中国考古学》,《文物》1997 年 11 期。

13.《在闭幕式上的发言》,《北京建城 3040 年暨燕文明国际学术研讨会会议专辑》,北京燕山出版社,1997 年。

1998 年

1.《中国史前的稻作农业》,《周秦文化研究》,陕西人民出版社,1998 年。

2.《中国稻作农业和陶器的起源》,《远望集》,陕西人民出版社,1998 年。

3.《胶东考古记》,《文物》1998 年 3 期。

4.《〈半山与马厂彩陶研究〉序》,载李水城著《半山与马厂彩陶研究》,北京大学出版社,1998 年。

5.《河姆渡野生稻发现的意义》,《河姆渡文化研究》,杭州大学出版社,1998 年。

6.《中国考古学界が解明したもう一つの古代文明》,日本《歴史街道》1998 年 7 期。

7. Contributions to the origin of rice agriculture in China, *YRCP* Vol. 1, No. 1, March 1998.

1999 年

1.《以考古学为基础,全方位研究古代文明》,《古代文明研究通讯》第 1 期,1999 年。

2.《石家河考古记》,《肖家屋脊》,文物出版社,1999 年。

3.《文明起源研究的回顾与思考》,《文物》1999 年 10 期。

2000 年

1.《莱阳于家店的小发掘》,《胶东考古》,文物出版社,2000 年。

2.《中国文明起源的探索》,《文物研究》(第十二辑),2000 年。

3.《东亚文明的黎明》,《农业发生与文明起源》,科学出版社,2000 年;又《黄帝与中国传统文化学术讨论会文集》,陕西人民出版社,2001 年。

4.《东方文明的摇篮》,《文化的馈赠——汉学研究国际会议论文集考古学卷》,北京大学出版社,2000 年;又载《农业发生与文明起源》,科学出版社，2000 年。

5.《岱海考古的启示》，《岱海考古（一）——老虎山文化遗址发掘报告集》，科学出版社，2000 年。

6.《凌家滩玉器浅识》，《凌家滩玉器》，文物出版社，2000 年。

7.《稻作、陶器和都市的起源》，《稻作 陶器和都市的起源》，文物出版社，2000 年。

8.《关于〈石峡遗址发掘报告〉整理编写工作的谈话》，《广东文物》千年特刊，2000 年。

2001 年

1.《〈中国史前城址与文明起源研究〉序》，西北大学出版社，2001 年。

2.《〈郑洛地区新石器时代聚落的演变〉序》，北京大学出版社，2001 年；又载《中国文物报》2001 年 8 月 26 日，题为《郑洛地区新石器时代聚落演变的研究》。

3.《〈夏商周青铜文明探研〉序》，科学出版社，2001 年。

4.《〈宜都城背溪〉序》，文物出版社，2001 年。

5.《新石器时代考古三题》，《广东省文物考古研究所建所十周年文集》，岭南美术出版社，2001 年。

2002 年

1.《〈古代文明〉发刊辞》，《古代文明》（第一卷），文物出版社，2002 年。

2.《追寻中国文化的根》，《揖芬集——张政烺先生九十华诞纪念文集》，社会科学文献出版社，2002 年。

3.《中国考古学：新世纪的机遇和挑战》，《石璋如院士百岁祝寿论文集》，台北南天书局，2002 年。

4.《一份重要的考古学史文献——梁思永点评〈中国史前陶器〉》，《宿白先生八秩华诞纪念文集》，文物出版社，2002 年。

5.《温故知新——面向中国考古学的未来国际学术研讨会闭幕词》，《古代文明研究通讯》第十三期，2002 年。

6.《〈洛阳皂角树〉序二》，科学出版社，2002 年。

7.《〈大地湾考古研究文集〉序》，甘肃文化出版社，2002 年。

8.《中国古代文明起源的探索》，《世纪大讲堂》（第一辑），辽宁人民出版社，2002 年。

9. The origins of rice agriculture, pottery and cities. *The Origins of Pottery and Agriculture*, Edited by Yoshinori Yasuda, Luster Press, Singapore, 2002.

2003 年

1.《邓家湾考古的收获》，《邓家湾》，文物出版社，2003 年。

2.《中国近年考古发现和研究的新进展》，《北大讲座》（第三辑），北京大学出版社，2003 年。

3.《〈楚文化与漆器研究〉序》，科学出版社，2003 年。

4.《科学技术与考古学》（讲话要点），《科技考古论丛》（第三辑），中国科学技术大学出版社，2003 年。

5.《〈长江中下游地区史前聚落考古研究〉序》，文物出版社，2003 年。

6.《〈北方新石器时代考古研究〉序》，文物出版社，2003 年。

7.《稻作农业的起源与小鲁里稻谷》，《农业考古》2003 年 3 期。

8.《中华文明的始原和早期发展》，《国学研究》（第十二卷），北京大学出版社，2003 年。

2004 年

1.《永远的怀念》，《中国文物报》2004 年 1 月 9 日。

2.《〈华南考古〉前言》，《华南考古·1》，文物出版社，2004 年。

3.《海洋考古的嚆矢》，《先秦时期的南海岛民》序，文物出版社，2004 年；又载《中国文物报》2004 年 10 月 13 日。

4.《农耕生活的开始》，《中国文明的形成》（第二章），新世界出版社，2004 年。

5.《二里头文化与夏王朝》，《中国文明的形成》（第六章第二节），新世界出版社，2004 年。

6.《中国农业起源的考古研究》，《长江文明的曙光》，湖北教育出版社，2004 年。

7.《长江文明的曙光——与梅原猛对谈》，《长江文明的曙光》，湖北教育出版社，2004 年。

8.《稻作文明的故乡》，《长江文明的曙光》，湖北教育出版社，2004 年。

9.《政府部门要提高认识 真正负责》，《中国文化遗产》2004 年 4 期。

2005 年

1.《良渚文化与中国文明的起源》，《文明的曙光——良渚文化文物精品集》，中国社会科学出版社，2005 年。

2.《〈山东 20 世纪的考古发现和研究〉序》，科学出版社，2005 年。

3.《〈定量考古学〉序》，北京大学出版社，2005 年。

4.《沙下考古序言》，《香港的远古文化——西贡沙下考古发现》，香港古物古迹办事处，2005 年。

5.《发展科技考古是提高考古学研究水平的必由之路》，《科技考古》（第一辑），中国社会科学出版社，2005 年。

2006 年

1.《甑皮岩遗址与华南地区史前考古——在甑皮岩遗址研讨会闭幕式上的发言》，《华南及东南亚地区史前考古》，文物出版社，2006 年。

2.《〈秦安大地湾——新石器时代遗址发掘报告〉序》，文物出版社，2006 年；又《甘肃史前考古的丰碑》，《中国文物报》2006 年 6 月 28 日。

3.《中华文明史》第一卷《绪论》，北京大学出版社，2006 年。

4.《商周青铜工业带动下的手工业生产》，《中华文明史》（第一卷），北京大学出版社，2006 年。

5.《中国史前聚落的考古研究》，《二十一世纪的中国考古学——庆祝佟柱臣先生八十五华诞学术文集》，文物出版社，1996 年。

6.《红山文化五十年——在红山文化国际学术研讨会上的讲话》，《红山文化研究》，文物出版社，2006 年。

7.《一部优秀的考古报告——〈反山〉》，《中国文物报》2006 年 7 月 12 日第 4 版。

8.《〈凌家滩——田野考古发掘报告之一〉序》，文物出版社，2006 年。

9.《不懈的探索——严文明先生访谈录》，庄丽娜记录，《南方文物》

2006 年 2 期。

10. 《自然环境与社会发展——在中国第三届环境考古学大会上的演讲》,《环境考古研究》(第三辑),北京大学出版社,2006 年。

11. 《〈磁山文化〉序》,花山文艺出版社,2006 年。

2007 年

1. 《在江淮地区文明化进程学术研讨会上的讲话》,《中国社会科学院古代文明研究中心通讯》,2007 年。

2. 《〈中国东南民族考古文选〉序》,香港中文大学中国考古艺术研究中心,2007 年。

3. 《〈新疆的青铜时代和早期铁器时代文化〉序》,文物出版社,2007 年。

4. 《〈垣曲盆地聚落考古研究〉序》,科学出版社,2007 年。

5. 《瞄准学术前沿,发展环境考古——在中国第四届环境考古学大会暨上山遗址学术研讨会上的讲话》,《环境考古研究》(第四辑),北京大学出版社,2007 年。

6. 《中国考古学的现状与思考》,《西部考古》(第二辑),三秦出版社,2007 年。

2008 年

1. 《在考古发掘报告编写工作高级研修班上的发言》,《中国文物报》2008 年 5 月 2 日第 7 版。

2. 《〈科技考古学〉序》,北京大学出版社,2008 年。

3. 《〈中国西北地区先秦时期的自然环境与文化发展〉序》,文物出版社,2008 年。

4. 《〈考古器物绘图〉序》,北京大学出版社,2008 年。

2009 年

1. 《赵都邯郸城研究的新成果》,《中国文物报》2009 年 7 月 8 日第 4 版,即段宏振《赵都邯郸城研究》序,文物出版社,2009 年。

2. 《农业起源与中华文明》,《光明日报》2009 年 1 月 8 日第 10 ~ 11 版。

3. 《〈三门峡南交口〉序》,科学出版社,2009 年。

4.《重建早期中国的历史》,《早期中国——中华文明起源》,文物出版社,2009年。

5.《重温苏秉琦关于王湾二期文化的谈话》,《中国文物报》2009年9月4日第7版。

6.《半坡类型彩陶的分析》,《仰韶文化研究》(增订本),文物出版社,2009年。

7.《纪念西阴村遗址发掘80周年学术研讨会开幕式上的讲话》,《鹿鸣集》,科学出版社,2009年。

2010年

1.《早期中国是怎样的?》,《光明日报》2010年1月14日第10~11版。

2.《关于聚落考古的方法问题》,《中原文物》2010年2期。

3.《永远的导师——苏秉琦与北京大学考古专业》,《中国历史文物》2010年1期。

4.《高山仰止:深切怀念夏鼐先生》,《古代文明研究通讯》总第44期,2010年。

5.《〈人类陶冶与稻作文明起源地〉序》,江西美术出版社,2010年。

6.《〈中国古代装饰品研究〉序》,陕西师范大学出版社,2010年。

7.《世界罕见的海门口水滨干栏式建筑聚落遗址》,《中国剑川海门口遗址》,云南民族出版社,2010年。

2011年

1.《良渚颂》,《中国文物报》2011年1月28日第8版。

2.《祝贺与期望》,《秦始皇帝陵博物院》(总一辑),三秦出版社,2011年。

3.《〈三门峡仰韶文化研究〉序》,河南科学技术出版社,2011年。

4.《谭家岭:收获和悬念》,《谭家岭》序,文物出版社,2011年。

2012年

1.《以考古学研究为基础,多学科探讨中国文明起源》,《东南文化》2012年3期。

2.《解读自然与人文》,《自然与人文》序,文物出版社,2012年。

3.《严文明：我的仰韶文化研究之路》，《中国文化遗产》2012 年 6 期。

2013 年

1.《总结经验，拓展视野，开辟未来——新年寄语聚落考古》，《南方文物》2013 年 1 期。

2.《长岛考古琐记》，《中国文化遗产》2013 年 5 期。

3.《〈深圳咸头岭〉序》，文物出版社，2013 年。

4.《〈荆楚文物〉发刊词》，《荆楚文物》（第一期），2013 年。

5.《"文化上'早期中国'的形成和发展学术研讨会"闭幕词》（代序），《早期中国研究》（第一辑），文物出版社，2013 年。

［附 1］《严文明先生学术思想研讨会纪要》，《南方文物》2013 年 1 期。

［附 2］《解决学术问题最终要靠学术讨论——访考古学家严文明先生》，晁天义、刘芳：《中国社会科学报》2013 年 5 月 8 日 A04 版。原稿为《追回逝去的岁月：访当代知名考古学家严文明先生》。

2014 年

1.《禹会村遗址与淮河文明（研讨会开幕词)》，《中国社科院古代文明研究通讯》第 26 期，2014 年。

2.《拓展视野，继往开来》，《第八届红山文化高峰论坛论文集》，辽宁大学出版社，2014 年。

3.《〈仙人洞与吊桶环〉序》，文物出版社，2014 年。

4.《纪念佟柱臣先生》，《无限悠悠远古情——佟柱臣先生纪念文集》，科学出版社，2014 年。

2015 年

1.《文化上的早期中国说》，《早期中国——中国文化圈的形成和发展》序，上海古籍出版社，2015 年。

2.《〈贵南尕马台〉前言》，文物出版社，2015 年。

2016 年

1.《农业起源与中华文明》，《中国乡村发现》总第 38 期，湖南人民出版社，2016 年。

2.《良渚颂》（补充版），《良渚考古八十年》，文物出版社，2016 年。

3.《〈嵩山文化文集〉序》，文物出版社，2016 年。

4.《华夏文明五千年，伟哉良渚!》，《中国文物报》2016 年 12 月 2 日第 5 版。

5.《早期中国说》，《高明先生九秩华诞庆寿论文集》，科学出版社，2016 年。

2017 年

1.《忘不了的忆念》，《你在大海中永生——周南京教授逝世周年纪念》，香港生活文化基金会出版，2017 年。

2018 年

1.《我的北大情》，《精神的魅力 2018》（一），北京大学出版社，2018 年。

2.《良渚玉器序言》，《良渚玉器》，科学出版社，2018 年。

3.《考古学与历史学》，《考古学初阶》，文物出版社，2018 年。

4.《史前长岛与海洋文明的开拓》，《考古学初阶》，文物出版社，2018 年。

2019 年

1.《中国彩陶的谱系（提纲）》，《丹霞集》，文物出版社，2019 年。

2.《论小坪子期》，《丹霞集》，文物出版社，2019 年。

2020 年

1.《中国文明的起源》，《国学研究》2020 年 1 期。

2.《什么是考古学》，《公众考古学》（第一辑），上海古籍出版社，2020 年。

2021 年

1.《严文明：发现中国史前文明的结构美》，《人民日报》2021 年 1 月 9 日第 8 版。

2.《〈石家河发现与研究〉序言》，《江汉考古》2021 年 1 期。

附录

严文明：发现中国史前文明的
结构美

杨雪梅

湖南澧县彭头山出土的公元前 6500 年的含炭化稻谷的陶片，湖北红花套出土的公元前 4200 年的石斧，河南洛阳王湾出土的约公元前 2200 年的镂空陶器座……在中国国家博物馆基本陈列展《古代中国》第一单元"远古中国"中徜徉，我们即使对考古知之甚少，也可以感受到中国考古人百年来为探索中华文明起源所做的努力。这三个遗址都是考古学家严文明先生当年带领北京大学考古专业学生实习的地方。

严文明先生从一个考古学家的立场出发，用哲学家的思辨和诗人的眼光洞悉了中国史前文明的结构美，提出了"重瓣花朵"的论断，说出了中华文明绵延至今的密码。

北京蓝旗营一间普通的住宅，不大的书房，88 岁的严文明先生从他用力最深的仰韶文化开始，讲述自己的考古故事。

中国考古从开始就在探索中华早期文明

从 1921 年河南仰韶村的考古算起，中国考古已经走过百年。这百年间考古学在中国得到了空前的发展。严文明先生从书房摆满考古报告的书架上取出新版的《中华远古之文化》给我们看，"1923 年安特生发表《中华远古之文化》，这是中国第一个考古遗址仰韶的考古报告，它就是对中华早期文明的探索，就探讨了中华文化与西方文化的关系，把中国考古放到了世界文明的背景上去考虑，起点相当高。"

正是在这样的高起点上，我们有了夏县西阴村的考古，有了殷墟的考古，有了山东城子崖龙山文化黑陶的发现。"梁思永先生在安阳的后岗发现了著名的三叠层，最底下是仰韶的红陶彩陶，中间是龙山的黑陶，最上面是晚商殷墟的灰陶，清晰的层位基本讲清楚了几个文化的先后关系，也打破了中国文化西来说。"

但中国新石器时代的重要考古主要还是在1950年以后展开的。1958年严文明从北京大学历史系考古专业毕业后留校任教，主讲的就是新石器时代考古。1960年，第一次带领学生去洛阳王湾考古实习，严文明就指导学生以地层清楚、分期细致的王湾遗址作为标尺，来衡量附近的仰韶遗址的分期。1964年《中国新石器时代》出了一个红皮铅印本，严文明将它送给北京大学当时的历史系主任翦伯赞，翦伯赞先生说，"我们从事历史研究的就希望看到这样的书，把考古报告的内容系统化了，他还建议我好好研究一下讨论热烈的仰韶文化。"

"那时已经有了半坡和庙底沟的重要发现，但相关基础性研究不够，比如当时关于仰韶文化的争论很多，仰韶文化有哪些类型，仰韶文化半坡类型和庙底沟类型哪个早哪个晚，还是基本同时？仰韶文化的社会性质是什么？这些问题都促使我开始研究仰韶文化。"

严文明重新梳理了仰韶村、西阴村、庙底沟、半坡、三里桥等仰韶文化遗址的材料。首先分析典型遗址的地层关系和分期，进而研究各个地区的分期，最后将各地相应的文化分期进行对比和概括，通过类型学和地层学，将仰韶文化的发展整体划分为四期两大阶段，奠定了仰韶文化研究的基础。苏秉琦先生读了《略论仰韶文化的起源和发展阶段》这篇文章，认为严文明"找到了研究中国新石器时代的一把钥匙"。1989年严文明积30年之功著成的《仰韶文化研究》出版，其学术意义不限于仰韶文化本身，对整个中国考古学研究都具有重要的理论指导作用。

严文明在分析研究大量考古资料的基础上，将中国新石器时代的文化发展谱系归纳为早期、中期、晚期和"铜石并用时代"四个发展阶段，上溯旧石器时代传统、下承夏商周三代青铜文明，与中国社会发展的历史格局相融，对奠定中国新石器时代的考古学体系做出了贡献，影响至今。

稻作起源研究将长江文明展示给世界

仰韶文化的研究主要集中在黄河流域、黄土高原，1974 年严文明先生有机会在湖北宜都红花套做考古，长江史前文明进入到他的研究范围。经过多年的考古，长江史前文明的面貌逐渐清晰。

"我家里种了 30 亩地，从稻谷的发芽到育秧、插秧，从除草、车水到最后的收获，我都实际操作过。那时我们有早稻、中稻、晚稻，还有灾患时救急的 60 天就能收获的 60 天稻，这些稻谷我拿到手里一看就知道。"严文明生长在长江流域的洞庭湖边，对当地的风土人情和历史文化有深切的体会与难以割舍的情缘。

水稻什么时候起源？在哪里起源？这是世界关注的学术课题，而严先生给出了一个考古学家建立在大量考古发现之上的充满辩证思维的答案。

20 世纪 70 年代，在浙江余姚发现了河姆渡，出土了数量巨大的稻谷，据测定，其年代为公元前 5000～前 4500 年。这些稻谷的形态是成熟的栽培稻，还有很多农具，这就引导考古学家继续往前追，于是在湖南澧县彭头山发现了类似的稻谷遗存，年代为公元前 6000 多年，距今 8000 多年。那么还有没有更早的呢？严文明先生担任领队的中美联合考古队，1995 年在江西万年县的仙人洞和吊桶环进行发掘，发现了更早的稻谷的植物硅酸体，证明在距今约 1 万年，稻子已经开始被栽培。后来又在湖南道县玉蟾岩的洞穴遗址发现了 3 粒半稻谷，当时测定了跟稻子共生的其他作物的年代，为公元前 1.2 万年。

华南地区野生稻很多，东南亚野生稻也很多，所以当时的农学家看好这两处作为水稻起源地，但严先生认为在野生稻多的地方，其他食物也很多。比如在中国岭南，植物性食物很丰富，动物类的食物也很多，采集野生稻非常麻烦，没有必要费功夫去采集去驯化。而长江流域有漫长的冬季，动、植物食物匮乏，稻谷适合长时间存放，可在冬季补充食物不足，人们便会有目的地去培育。长江流域是野生稻分布较少的地方，属野生稻分布的北部边缘，恰恰有驯化的动机，这就是严先生的"稻作农业边缘起源论"。

"重瓣花朵"的结构很美

李伯谦和陈星灿主编了一本《中国考古学经典精读》，除了李济、梁思永、夏鼐、苏秉琦、邹衡、张光直等考古学大家的文章，严文明的《中国史前文化的统一性与多样性》也列在其中。

这是严文明于 1986 年 6 月为"中国古代史与社会科学一般法则"国际讨论会提交的论文。"从想到这个结构到最后宣讲出来，不出一个月。"

在这篇论文中，中国的新石器时代文化被形容为一个巨大的重瓣花朵，中原文化区是花心，其周围的甘青、山东、燕辽、长江中游和江浙文化区是第一层花瓣，再外围的文化区是第二层花瓣，中原文化区处于花心，起着联系各文化区的核心作用，也向周边文化区进行文化辐射，而外围的文化区则保持着自己的活力……

在严文明看来，中国北方地区以种植粟和黍为主的旱作农业体系和长江流域以稻作农业为主的两大农业体系的形成，使中国文明拥有了一个宽广的基础，两大体系互为补充，使文明延续不断。

这个"重瓣花朵"理论真是既有学术质地，又充满了诗意。那次国际会议，大家都很佩服，中国的学者用一朵花的结构来解释中国文明的超稳定结构。

1987 年 3 月这篇文章被《文物》杂志重磅推出。严先生的这一推论，被认为是中国史前考古学研究的重要成果。

考古学在中国大有可为

在众多学生的眼中，严文明先生是非常会当老师的考古学家。他先后主持了 20 余次重要田野考古发掘或调查项目，足迹走遍大江南北，正是立足田野的厚积薄发使他具有了学术上的前瞻性。

"当老师的好处，是它逼着你不能只研究一个地方，要懂全国的，甚至还要懂一点世界的，要懂考古学的方法理论，还要能指导学生进行田野考古，要告诉学生怎么学习和怎么研究。教学相长，我是真正体会到了。"

"什么样的方法能让你最正确地寻找和发掘实物，就是好的方法。什么样的理论能够使这些资料很好解释人类的历史，就是好的理论。"严文明经常这样对学生讲。

"考古是科学，科学意味着是你的观点必须是可以实证的。严先生的逻辑思维能力很强，很多遗址是在他的科学推断下一步步推进的。"中国人民大学考古系的韩建业教授说。比如良渚，1986 年发现了反山、瑶山等高等级的墓葬，严先生推断墓葬的主人一定不是一般的人，第 12 号大墓出土 600 多件玉器，也许是良渚王，那肯定得有一个像样的居住区，肯定有宫殿等高等级的建筑存在，或者还有宫城。

"后来又发现了大型的水利建筑遗迹。我特别去看了，像个大堤，南方经常修堤，一担土一担土地挑，很辛苦。大坝的剖面清清楚楚，里面就有陶片，显然是良渚时期的。这工程太大了，得有上万的人同时工作，谁能把这么多的人调过来？他们还要吃住，得有强大的后勤保障吧？而且得有科学的设计者。只有强大的政权才有这样的组织能力，推断有一个良渚国并不过分吧？就这样一步步科学发掘，良渚考古发现的遗址越来越多，我们对它的认识也越来越清晰，这样的考古遗址成为世界遗产是肯定的。"

严文明先生讲起良渚特别有感情，他写的《良渚颂》在考古人中广为传播。

考古当然有自己的局限性，文明并不都能以实物形式表现出来，能以实物表现出来的也不是都能留存下来，即使留下来，也不一定能够发现，即使科学发掘出来，能够认识解释清楚的又是少数。"但中国各种各样的遗址这么多，各种考古学理论、技术和方法都可以使用。中国考古的土壤如此丰富，对比世界各个国家，没有第二个，考古学当然能够获得极大的发展，今后当然也能够产生考古学大家，产生自己的考古学理论。"

艺术和科学的共同基础是人类的创造力。考古既需要对人类艺术进行美学鉴赏，也需要对文明遗存进行科学理解。这是一个充满智慧的探险之旅，严文明先生乐此不疲。

（原载《人民日报》2021 年 1 月 9 日）